数字经济

新基建浪潮下的经济增长新引擎

袁国宝　著

中国经济出版社
CHINA ECONOMIC PUBLISHING HOUSE
北京

图书在版编目（CIP）数据

数字经济：新基建浪潮下的经济增长新引擎 / 袁国宝著．—北京：中国经济出版社，2021.1（2021.2 重印）

ISBN 978-7-5136-6361-8

Ⅰ．①数…　Ⅱ．①袁…　Ⅲ．①信息经济—研究—中国　Ⅳ．① F492

中国版本图书馆 CIP 数据核字（2020）第 192180 号

责任编辑　张梦初　陈宇慧　戴　瑛
责任印制　巢新强
封面设计　卓义云天

出版发行　中国经济出版社
印 刷 者　北京力信诚印刷有限公司
经 销 者　各地新华书店
开　　本　710mm × 1000mm　1/16
印　　张　16.25
字　　数　200 千字
版　　次　2021 年 1 月第 1 版
印　　次　2021 年 2 月第 2 次
定　　价　58.00 元
广告经营许可证　京西工商广字第 8179 号

中国经济出版社 **网址** www.economyph.com **社址** 北京市东城区安定门外大街58号 **邮编** 100011

Preface | 前言

新冠肺炎疫情发生以来，远程教学、线上课堂、网上办公、电子商务、外卖订餐等需求激增，数字经济释放出前所未有的活力。此次疫情让人们深切认识到互联网、人工智能、5G等信息技术深度融合与企业数字化转型所带来的巨大效益，大数据、远程医疗、直播电商、移动支付等在疫情防控与复工复产方面发挥了巨大的积极作用。未来一段时间，数字经济将成为拉动经济发展的新引擎，将促使、各行各业进一步加快数字化转型步伐。

在我国，数字经济这一概念的提出可以追溯到2016年的杭州G20峰会，会上发布的《G20数字经济发展与合作倡议》对数字经济做出了明确的定义。2017年，《政府工作报告》首次提出"数字经济"。2018年，数字经济产值在我国GDP中的占比达到了30%，对GDP增长的贡献率达到了67.9%……经过几年时间的快速发展，数字经济已经成为驱动经济增长、吸纳就业、释放消费潜力的新引擎。

- 在制造业，以新一代信息技术与制造技术深度融合为特征的智能制造正在引发新一轮变革，数字化、虚拟化、智能化技术将应用于产品全生命周期，制造业的生产活动将表现出柔性化、网络化、个性化的特点，产业组织将表现出全球化、服务化、平台化的新特点。
- 在服务业，数字经济的影响已经得到了较好的体现，电子商务、网络教育、互联网金融、远程医疗、在线娱乐等给人们的生产生活带来了极大的改变。

• 在交通行业，智慧交通、自动驾驶、无感停车极大地提高了道路通行效率，解决了车辆与停车位之间信息不对称问题，使交通事故发生率大幅下降，带给人们更安全、更顺畅的出行体验。

• 在教育行业，AI+教育颠覆了传统的教育模式，为师生打造个性化的学习空间，帮助教师开展个性化教学，真正做到因材施教，切实提高“教”“学”质量，充分展现学生的个性与特长，让每一个学生都能找到自己的“闪光点”。

• 在酒店行业，虚拟人像、迎宾机器人、微信开锁等技术与产品已经在部分酒店得以应用，智能酒店、定制化客房、个性化服务将带给人们全新的入住体验。

……

未来，随着5G逐步实现大规模商用，信息传输的带宽限制将被彻底打破，数字技术将释放出更显著的驱动引领效应。在此背景下，依托我国制造大国、网络大国的优势，不断提高数字技术研发能力和产业创新能力，已经成为企业决胜未来的关键。

《数字经济：新基建浪潮下的经济增长新引擎》一书以新基建为背景，聚焦数字经济发展新动向、新趋势，从数字基建、产业互联网、“5G+”战略、智能商业、数字化转型五大角度展开论述。涵盖了数字经济时代消费、生产、物流、管理等领域的变革；产业互联网的发展路径、发展模式、平台建设，产业互联网与新基建的融合；5G与制造业、交通、VR/AR、短视频融合所带来的一系列变革，包括智慧工厂、智能制造、智慧交通、自动驾驶、无感停车等；AI与教育、医疗、金融、酒店等行业融合催生的一系列新应用，例如线上教育、AI虚拟助理、远程医疗机器人、智慧金融、智能酒店等；数字经济驱动下的企业数字化转型，数字化政府、智慧政务等。深度剖析了数字经济时代企业、政府等主体以及教育、医疗、金融、交通、短视频等行业正在发生或者即将发生的重大变革，试图帮助读者对数字经济建立更全面、立体、深刻的认知。

本书围绕数字经济时代发生的新变化、新趋向，对腾讯、百度、阿里巴巴、京东、小米、华为、中国电信、中国移动、北汽集团、格如灵、Goldee公司、科大讯飞等企业的数字化探索进行深入解读，针对企业、行业的数字化转型提出了实用路径、技巧与方案，内容深入浅出、通俗易懂，案例翔实，生动有趣，既适合有数字化转型需求的企业经营者、管理者阅读，也适合行业研究者、政策制定者参考翻阅，还可以作为一本数字经济领域的科普读物供对此感兴趣之人阅读。

本书导读：

Part 1　数字基建。数字基建是新基建的重要组成部分，为我国数字经济的发展提供了源源不断的动力。本部分对新基建与数字经济的相互作用进行了深入探讨，从生产、消费、物流、管理四个方面对后疫情时代数字经济的发展模式提出了设想，帮助读者对新基建、数字基建与数字经济形成初步认知。

Part 2　产业互联网。产业互联网是数字经济的重要产物，对数字经济的发展起着重要的推动作用。本部分对产业互联网与数字经济的相互作用、产业互联网的实践路径、新基建与产业互联网融合发展策略、腾讯产业互联网的发展实践进行全面解析，帮助读者更深刻地理解产业互联网。

Part 3　“5G+”战略。5G是未来几年、十几年最重要的技术，在很大程度上决定着数字经济的发展质量。作为一项基础设施，5G的应用范围极广，本部分主要探讨5G在制造、VR/AR、短视频等领域的应用，向读者展示最新的应用成果，例如智能工厂、5G+4K短视频等。

Part 4　智能商业。本部分主要探讨人工智能、大数据、云计算等新技术在商业领域的应用，包括教育领域、医疗领域、金融领域和酒店领域，向读者展示最新的应用成果，例如智能化学习环境、个性化学习、远程医疗、智慧金融、智能酒店等，激发读者对未来智慧商业的设想。

Part 5　数字化转型。经济发展的数字化转型是未来经济发展的重要课题，本部分对企业的数字化转型路径、企业平台化转型逻辑进行了深入分析，并以小米为例对企业生态圈构建进行了全方位剖析，对政府数字化转型方案、智慧政务打造进行了深刻探讨，为企业管理者、政府工作者提供最实用的数字化转型指导。

Contents | 目录

Part 1
数字基建

第1章

新基建：中国数字经济新引擎

新基建：开启数字经济新时代

2020年3月4日，中共中央政治局常务委员会召开会议，强调“要加快5G网络、数据中心等新型基础设施建设进度”。面对新冠肺炎疫情和经济下行压力，加快新型基础设施建设成为一项重要举措。它能有效降低疫情对经济的负面影响，促进国内经济稳定增长。在世界科技与产业变迁的大趋势下，新型基础设施建设是通向数字经济时代的必由之路。

目前，加快新基建已经成为我国经济发展的普遍共识。新基建是数字经济发展的新动力，也是经济发展的未来方向，它不仅符合产业升级要求，更是应对疫情和经济下行的有效手段，大力发展新基建有利于我国经济实现高质量发展。

一、新基建的本质：数字化基础设施建设

从本质上来讲，新基建就是数字化基建，其主要引擎是5G、互联网、人工智能等高科技。新基建与传统基建之间存在较大区别：传统基建以常规大建筑为主，包括铁路、公路、桥梁、水利工程等；而新基建

是科技引领的基础设施建设，主要包括5G基建、特高压、城际高速铁路与城市轨道交通、新能源汽车充电桩、大数据中心、人工智能、工业互联网七大领域。从技术层面来看，新基建可以细分为四大层次，如图1–1所示。

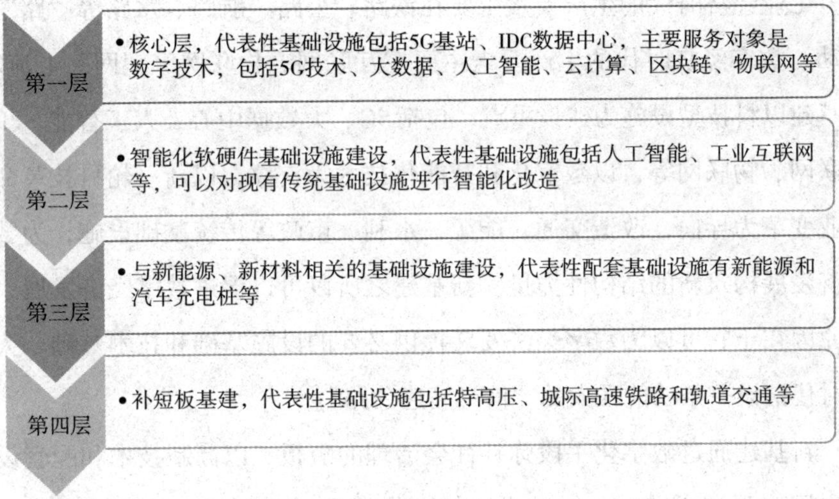

图1–1 新基建的四大层次

二、新基建开启数字经济新时代

在经济学上，人们将消费、出口和投资看作拉动经济增长的“三驾马车”。在消费、出口表现不足的情况下，投资就显得尤为重要。受新冠肺炎疫情影响，人员聚集性较强的消费行业需求明显下滑，例如交通运输、住宿餐饮、旅游、居民服务等，导致我国经济整体下滑。2020年第一季度，我国GDP下降了6.8%。为了拉动经济增长，政府将目光瞄准了“新经济”。对于“新经济”来说，5G、工业互联网、人工智能等新一代信息技术是支柱型产业，新基建倡导对这些产业进行大力投资，促使它们成为国内投资的主方向。

随着5G、大数据、云计算、互联网、人工智能等数字技术的发展、融合与渗透，数字资源会逐渐成为数字经济时代的“石油”“黄金”，成为社会发展必不可少的生产要素。

工业经济时代的生产要素主要在铁路、公路、航路、水路等“路”上流动，数字经济时代的生产要素主要在互联网、物联网等“网”上流动。新基建以科技型设施为建设重点，包括5G、大数据中心、人工智能、工业互联网、物联网等，以数字化和智能化技术为支撑，以新一轮科技革命和产业变革为导向，改造交通、能源、水利、市政等传统基础设施，为数字经济发展构筑新的结构性力量。新基建之所以可以促进数字经济发展，主要原因在于它可以为数字经济发展提供必要的设施基础和技术基础，为数字时代铺设一条功能强大的“信息高速公路”。

新基建通过数字化手段弥补社会治理的短板，以高新技术和配套设施开启网络强国之路。新冠肺炎疫情的暴发是对我国社会治理的一次“考验”，在这次“考验”中，我们发现了一些“数据孤岛”，这说明我国的数字治理仍有进步的空间。

与传统基建不同，新基建更着眼于“创新”，更倾向于聚焦高科技领域，更注重应用与发展高新技术，例如5G、人工智能、大数据等新一代数字技术。新基建拥有更丰富的科技内涵，既符合我国未来产业升级的需要，又符合网络强国发展的需要。不仅如此，新基建至少有两大作用：一是可以弥补我国数字基础设施建设的不足；二是可以提升我国的数字化治理水平。

驱动中国经济转型新动能

新基建对互联网行业有着重要影响，主要体现在其能够为互联网行业带来三大机遇，如图1–2所示。

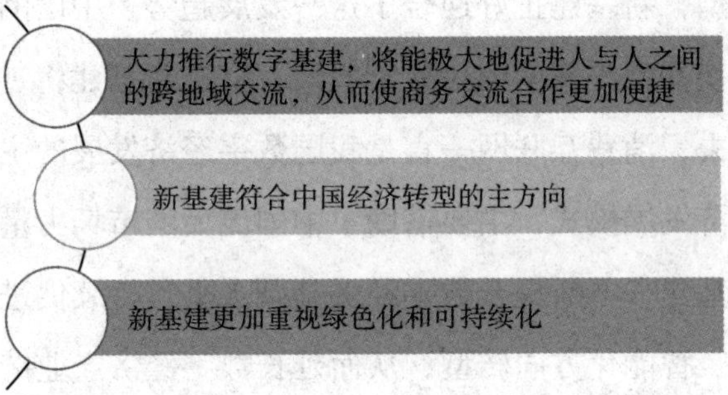

图1–2　新基建给互联网行业带来的三大机遇

首先，自2008年以来，我国实行高强度的传统基建计划，尽管一些计划没有完全落实，却也带来了翻天覆地的变化，例如高速公路、现代化桥梁和高速铁路等基础设施的建设在很大程度上提高了人们的出行效率。截至目前，我国基础设施建设已经初具规模，有了比较好的基础，但还无法满足现代化产业结构的需求。我国的产业结构更需要高效率的信息化基础设施作支撑，因此，我国在基础设施建设方面还有很大的提升空间。

综合来看，我国工业信息化基础还很薄弱，距离数字化、智能化还有很长一段路要走，工业设备之间的很多标准也没有统一，这些激发了国内产业对工业互联网的渴求。未来，我国在工业互联网领域将大有可为。

相比于传统基建来说，数字基建对知识含量和技术含量有着更高的要求。如果可以极大地提高基础设施的知识含量和技术含量，那么企业的生产效率、供需匹配效率等也会有大幅度提升。虽然传统基建在很大程度上提高了交通效率，但对信息化效率的提升并不明显。大力推行数字基建，将极大地促进人与人之间的跨地域交流，使商务交流与合作更加便捷。

其次，新基建符合中国经济转型的主方向。现阶段，中国经济正加速向数字经济转型，新基建正好迎合了这一发展趋势。中国的数字经济已经初具规模，即使在世界范围内也处于前列，推进新基建将进一步带动数字经济发展。过去，消费互联网一直是我国数字经济发展的主力，这是市场自发形成的经济发展模式，主要借助了中国庞大的市场力量。未来，我国将大力推进新基建，不断提升数字经济基础水平，持续促进产业互联网和企业朝数字化、智能化方向转型，从而延长数字经济产业链，进一步提升产业效率。

最后，与传统基建相比，新基建更加重视绿色化和可持续化。我国传统基建的效率较高，这种情况有利也有弊：利在于传统基建充分利用了丰富的人力资源，提高了出行效率与人们整体的生活水平；弊在于传统基建引发了很多污染问题。因此，传统基建存在不够绿化、不够环保、不够可持续的问题，而新基建以数字技术为依托，带来的污染更少，更加绿色、环保和可持续。

虽然新基建有诸多优点，但也不能盲目地进行大规模投资，应该因地制宜。新基建需要国企和民企共同推动，需要吸引更多民营企业加入新基建的队伍，积极发动民企参与投资和入驻重大科研攻关项目，推动技术创新。

目前，人们对新基建的看法存在两个疑问：一是为什么新基建的投资量还不够大？二是为什么新基建带动的就业还不够多？在新经济时代，我们不能孤立地看待这些问题。许多学者对人工智能存在这样一个观点：未来人工智能的发展必将导致很多人失业。我们不能否认人工智能会取代部分岗位，导致部分人失业。但同时也要看到，人工智能的发展会创造很多新职业，从而拉动就业。

新基建也是如此，投资量不断增加的同时也会促进劳动力转型，带动更多人就业。在数字经济时代，劳动力需要具备足够的知识与技能才能进入核心部门，这就提高了就业门槛，虽然会导致一些人失业，但随着职位竞争压力不断加大，也会拉动我国劳动力素质持续提升。

随着人口老龄化日益严重，未来社会对劳动力的技术素质会提出更高的要求，通过培训和自主学习提升劳动力的知识水平将成为必然趋势。在新基建的推进过程中可能会培养一批高素质人才，这些人才更能适应新时代对劳动力队伍的要求。另外，新基建的产业链具有长而强的特点，在发展过程中会创造很多新职业，如数据标识等。这些新职业可以平衡我国现有的人力资源结构，拉动就业。

重塑中国城市发展格局

新基建的主战场不是在农村，而是在城市。城市的转型升级需要新基建注入能量，城市的驱动发展需要新基建提供引擎。为实现经济发展和转型升级，各个城市应紧抓机遇，加快推进新基建的步伐，把握数字时代的"风口"，抢占数字经济"高地"。只有在新基建领域占据优势的城市，其经济发展质量才能够获得极大的保障，转型升级效益才能实现大幅提升。不仅如此，如果城市可以将新基建的优势不断扩大，必然能够在未来的城市中占据较高的地位。具体来看，城市推进新基建需要遵循以下三大原则（见图 1–3）。

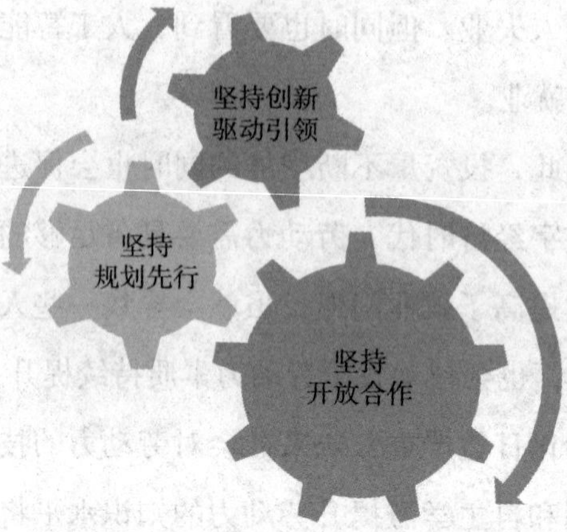

图 1–3　城市推进新基建的三大原则

一、坚持创新驱动引领

与传统基建相比，新基建拥有较强的创新带动能力。在推进新基建的过程中，一方面要尊重科学规律，另一方面要大力应用新技术，这不仅是基本要求，也是“最低”要求。另外，推进新基建还有以下三点要求：

- 要增强企业的自主创新能力，建立健全攻克核心技术的体制和机制，实现社会经济的数字化和智能化。
- 立足于第四次工业革命的关键领域，例如人工智能、云计算、机器人、物联网等，加快推广和应用智能化新技术、新业态，在拉动相关投资的同时抢占产业先机。
- 利用智能化和数字化技术改造传统基础设施，将新旧基础设施有机统一起来，相互服务、相互促进，有效增强经济韧性，释放发展潜力。

二、坚持规划先行

推进新基建的首要任务是做好规划，其主要路线要满足供给侧结构性改革的要求。首先要发挥产业政策的激励、支持和引领作用，确保新基建有规划、有步骤地推进；其次要加强对城市新基建项目的监管和调控，避免出现“一哄而起”“盲目上马”“重复投资”等问题；最后要科学评估和动态跟踪城市新基建的规模、强度和周期，确保供给与需求结构相适应。

在资金方面，要结合政府投入与社会投资，对重要项目加大专项资金的支持力度，在确保资金投入的同时不断优化资金投向；在政策方面，要巧用政策杠杆调动社会投资的积极性，不断降低融资成本，开辟新的融资和投资渠道，实现多渠道持续投资，精准支持新基建的重要项目。各城市政府部门要致力于打造新基建的健康发展路线，既要处理好企业利益与社会利益的关系，也要处理好局部利益与整体利益、短期利益与长期利益的关系。

三、坚持开放合作

新基建的发展受到世界各国的高度重视，大多数国家都在加快布局相关产业，并致力于抢占数字经济新高地。因此，面对新一轮的全球科技革命和产业变革，我国更应该重视新基建的推进。随着经济全球化和人类命运共同体的形成，中国的发展与世界的发展密切相关，互相依赖。不可否认，新基建已经成为各国争抢的“前沿阵地”，但也需要注意，新基建是一个需要世界各国相互协作的新领域。

互通互联是新基建的基本属性之一。因此，新基建的推进不能闭门造车，要加强国际交流与合作，甚至是技术标准的共享。一方面，我国要制定符合自身的新基建标准和方案，将中国标准与方案向全世界推广；另一方面，也要学习和引进世界领先标准和先进技术，积极与世界各国在新基建领域实现交流与合作。

新型肺炎疫情对世界经济发展造成了巨大影响，在此背景下，我国要积极搭建新基建合作平台，努力打造新基建最佳实验城区和示范城镇，不断创新和优化新基建技术，持续就新基建产业展开国际合作。

科技红利：智能经济的来临

20世纪90年代，美国经济学家罗伯特·索洛（Robert Solow）说："计算机时代的踪影无处不在，唯独没有体现在生产率的统计数字中。"显然，罗伯特·索洛对通过技术进步保持较高的全要素生产率持怀疑态度。人们对罗伯特提出的这种观点存在不少争议，由于新经济对全要素生产率的统计比较复杂，所以一些经济学家更倾向于用经济增长率来表明这种关系。他们认为信息技术对经济增长率有显著促进作用。

一、技术的本质：重塑未来经济社会

据中国社会科学院学者蔡跃洲测算，20世纪90年代中期以后，中国的数字经济呈现超高速发展。1993—2016年，中国的数字经济增长了17.5%，远超同期GDP增速9.5%。同时，数字经济呈现以下结构性特征，如图1–4所示。

（1）数字部门的年均增速达14.8%，而渗透性产业数字化增速达24.1%，这说明信息与通信技术的渗透是未来经济增长的重要动力。

（2）新技术对经济增长的带动具有滞后性，通常需要经过较长的时间才能对经济增长起作用。早在第一次工业革命和第二次工业革命时，就有

人质疑过新技术对经济增长的拉动作用，他们认为新技术并不能对经济增长起到立竿见影的作用。

（3）新技术可以极大地促进社会体制和经济体制改革，例如新冠肺炎疫情暴发后社会和政府对大数据、智慧城市等有了更加深刻的认识。推进新技术的发展有助于促进社会体制和经济体制改革，对带动经济增长和提升民众福利具有重要作用。

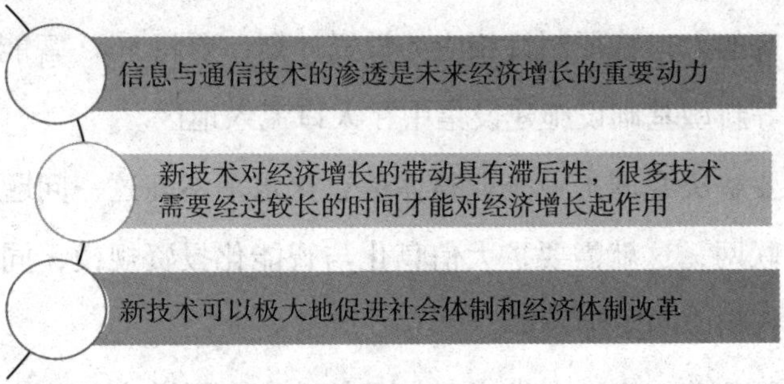

图 1–4 数字经济的结构性特征

经济学家布莱恩·阿瑟（Brian Arthur）在《技术的本质》中指出："技术的增长有内生性，会逐渐生长出新的内容。"美国经济学家泰勒·考恩（Tyler Cowen）在《大停滞》中指出："近几十年的技术的发展并没有人们想象的那么高。"毫无疑问，技术在发展到一定的阶段后会自然而然地出现一定程度的滞后。

新基建是一种对技术的高强度投资，这种高强度投资可以将很多技术成果连接起来，形成新的重要技术成果。例如，第二次世界大战以后，各国对大量技术成果进行高强度投资，使这些技术成果实现了从军用到民用的转化。美国国防高级研究计划局（Defense Advanced Research Projects Agency，DARPA）在对技术研发进行高强度投资之后，极大地促进了技术发展，使美国成为世界上一流的科技强国。综观这些技术高强度投资的成功案例，我们应该对技术发展保持足够的信心。

二、新基建浪潮下的智能经济

新基建的着眼点在于“新”，这就意味着要避免传统村镇式的重复建设。传统基建致力于大建筑、大设施建设，而新基建与之不同，它不是对传统基建方式方法的复制，不会导致资源过剩。在新基建的推进过程中，要根据各地区的人口特征制订相应的投资计划，要将5G、智能化、轨道交通、新能源等新型基础设施建设集中在人口流入地区。

目前，要解决我国工业企业整体信息化水平不高这一问题，就要大力发展工业互联网，这就需要扩大信息化与智能化投资规模，同时还需要政府制定并实行相应的激励政策。

新基建要朝着三个方向发力：一是打造高水平数字经济产业链；二是加快数字化、智能化转型；三是促进国家治理能力现代化（见图1–5）。新基建要以5G建设为抓手，不断扩大网络覆盖面，努力提升网络供给能力，构建新一代信息基础设施，打造万物互联、人机交互、天地一体的数字化网络空间，实现高速、移动、安全、泛在的高质量网络服务。

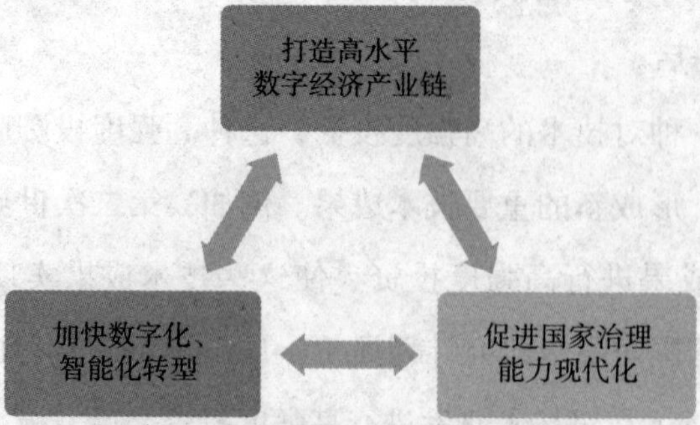

图 1–5　新基建的三大发力方向

新基建开启了一个全新的数字时代，能通过弥补乡村振兴、智慧城市和社会治理能力建设等方面的不足，打造数字乡村、智慧城市和智能社会，从而实现网络强国的目标。新基建将从数字基础设施建设出发，逐步扩展到数字产业应用打造，最终形成“网络+数字+智能+融合”的现代化产业链条。在未来社会中，5G、云计算、人工智能、物联网、区块链将成为最基本的生产工具，并会像水和空气一样滋养人类，促进人类发展和进步。

第2章 数字红利：新基建时代的经济新动能

新基建释放新一轮数字红利

目前，我国经济发展同时面临着机遇和挑战。在机遇方面，我国有望抢占新工业革命的主导权，同时也具有培育、壮大新动能，推动经济高质量发展的实力。在挑战方面，我国要积极应对新冠肺炎疫情的再次冲击，同时要尽快复工复产促进经济恢复。在当前以及未来一段时间，我国经济发展的重点任务包括以下几点：首先，要平衡好新工业革命“推力”和疫情“压力”的关系；其次，要促进数字经济与实体经济深度融合发展；最后，要推动消费互联网与工业互联网协同发展。

第四次工业革命具有数字化、网络化和智能化三大核心特征，它的到来不仅可以促进全球产业结构发生深度变革，还可以改变全球产业发展方式。第四次工业革命的重要基础是数字经济。数字经济是一种全新的经济系统，具有三大特点（见图2-1）。

在数字经济的深刻影响下，新组织、新业态、新模式将不断涌现。目前，数字经济是我国主要的经济形式之一，约占国民经济总量的1/3。为服务数字经济发展，我国将积极开展与之对应的基础设施建设，即新型基础设施建设的核心内容——数字基建。

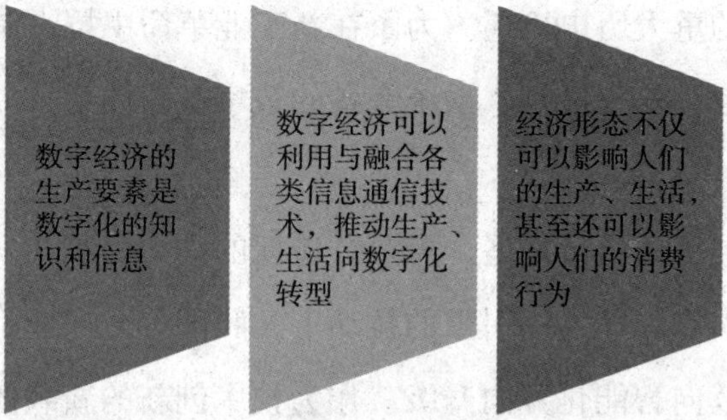

图 2–1 数字经济的三大特点

数字基建的不断完善，有利于释放大规模“数字红利”，推动我国数字经济快速发展，在未来国际竞争中占据优势。具体来看，对于我国经济来说，发展数字经济具有以下四大优势，如图2–2所示。

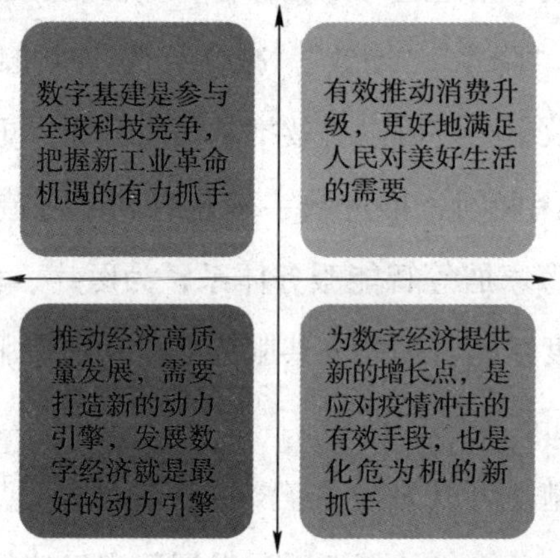

图 2–2 发展数字经济的四大优势

（1）发展数字经济必须实施数字基础设施建设。推进数字基础设施建设既是对全球科技竞争的积极参与，也是对第四次工业革命机遇的把握。可以说，数字基建是参与全球科技竞争，把握新工业革命机遇的有力抓手。目前，世界主要国家都在加紧对数字经济进行战略布局，力求抓住新工业革命带来的重大历史机遇。为了在新工业革命中抢占制高点，我国需要打造自主可控、安全可靠、系统完备的数字基建体系，为数字经济的发展夯实基础。

（2）推动经济高质量发展，需要打造新的动力引擎，发展数字经济就是最好的动力引擎。在这一引擎的拉动下，我国各个产业将不断向数字化方向转型，持续向智能化方向升级。作为技术创新的新载体，数字基建可以促进各大前沿技术的融合创新和场景化应用，例如5G、人工智能、大数据、物联网、云计算和区块链等技术。数字基建可以为数字经济的发展植入“数字土壤”，通过泛在连接、弹性互补和资源（包括技术、人才、资本、数据等各类产业资源）的高效配置，实现全要素、全产业链、全价值链的贯通。同时，数字基建还可以促进各行业深度融合和上下游联动，帮助更多企业“提质”“降本”“增效”“减存”，实现新旧动能转换。

（3）加快发展数字经济可以有效推动消费升级，更好地满足人民对美好生活的需要。毫无疑问，推进数字基建有利于打造智慧城市、智慧医疗、智慧交通、智慧家居等智能服务体系，为医疗、教育、交通、餐饮、娱乐等行业进行深度赋能，提高公共服务质量和消费服务水平，催生更多的消费新形式，从而改善民生福利。

（4）推进数字基建可以为数字经济提供新的增长点，是应对疫情冲击的有效手段，也是化危为机的新抓手。发展数字经济的好处不胜枚举，一方面，可以创造巨大的投资需求，例如数字基建的投资需求等；另一方面，可以促进消费，提升企业信心，稳定市场预期。另外，发展数字经济，推进数字基建，不仅可以推动传统基础设施实现数字化、智能化改造与升级，而且可以优化基建投资的整体结构。

“有为政府”与“有效市场”

我国经济想要实现高质量发展，必须紧抓时代机遇，建设数字中国。建设数字中国需要发展数字经济，发展数字经济需要立足于数字基础设施建设，以数字基础设施建设为“先锋”，不断提升我国数字产业化和产业数字化水平。

发展数字经济，推进数字基建，需要政府与市场“协同作战”，这就意味着要在“有为政府”和“有效市场”之间建立合作关系，让二者发挥协同作用。与此同时，也要协调好以下三种关系：一是中央政府与地方政府之间的关系；二是政府投资与民间投资之间的关系；三是国有企业和民营企业之间的关系。更关键的是，要理清政府与市场之间的关系，既要注重自上而下的供给推动，又要注重自下而上的需求拉动，并能将两者统筹兼顾，实现供需平衡。数字经济的发展和数字基建的推进要始终坚持供给侧结构性改革的主线，要在提高投资建设的有效性的同时，提高投资建设的可持续性。

中央政府与地方政府要分工明确。中央政府主要负责做好数字经济发展的设计和规划，例如制定行业规则、设施标准，做好规划布局、监督考核，规划引导数字基础设施投资和建设，等等。地方政府主要负责做好数字基础设施投资与建设工作的落实，一方面根据本地发展情况充分评估自身财力和债务承受能力，循序渐进地开展数字基建；另一方面要提高资源配置效率，降低形成新的地方债的风险。

在数字时代，要实现数据链、资金链、产业链、创新链的联通、融合以及闭合，需要政府建立完善的法律法规和制度体系，明确数据资产定位，对于数据资源的产权归属加快立法，促进数据确权、流通、交易和保护，解决诸多数据难题，例如数据资源分散、体制分割、管理分治等。

针对数字基建，制定开放、共享的政务数据资源政策和标准规范，不仅可以保障数据的共享和交换，还能实现业务协同。在推进数字基建过程中，要建立一体化的公共性大数据中心，打造顶层体系架构，提供政务综合、政企融合等综合性信息共享和服务。另外，还要完善相关的法律法规，提供数据安全与隐私保护，大力打造数字基建运行安全监管体系，提高对潜在数据风险的感知敏锐度和应对能力。需要注意的是，数字基建的资源配置必须以市场为导向，充分发挥市场的决定性作用，避免采用“政府包办”和“大水漫灌”等方式。

从技术创新到落地应用

数字基建可以为数字经济的发展夯实基础，而数字经济可以为数字基建创造丰富的应用场景，两者相辅相成、缺一不可。现阶段，我国的数字基建要将目光集中在关键核心技术攻关上，努力攻破高端芯片、关键器件、工业软件等领域的技术性难题，推动不同技术融合与创新，例如将信息技术和运营技术进行融合与创新等。总之，我国要夯实数字经济的技术基础，让数字基建对数字经济的价值不仅体现在“建”上，还要体现在“用”上。

目前，我国有14亿人口，16亿移动电话用户，4.5亿固定宽带接入用户和8.5亿手机网民，人均GDP超过1万美元。与世界大多数发展中国家相比，我国拥有以下几大优势：一是拥有超大规模的市场；二是拥有完备的工业体系；三是拥有丰富的网络资源（见图2-3）。这些优势为数字经济的发展和数字基建的落地应用创造了有利条件，不仅为它们创造了巨大的市场需求，还为它们提供了广阔的应用场景。

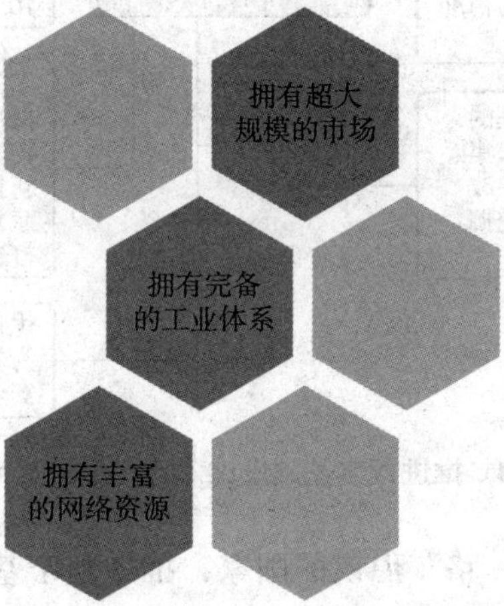

图 2-3 我国发展数字基建的三大优势

数字基础设施建设要围绕数字经济发展需求创建“建”“用”互促的生态体系，同时要强化应用牵引，在强调数字基础设施建设的同时，大力推广数字基础设施的落地应用，具体来说要采取八大举措，如图2-4所示。

目前，数字经济呈现全球化的发展趋势，为适应这一趋势，我国要与国际接轨，保持开放姿态，与各国携手探索数字经济创新，建立并完善数字经济对话协商机制。同时，我国要与国际合作打造专业化的数据智能技术平台，实现全球数据资源共享，更好地服务于跨境电子商务、智能物流、智慧旅游等。

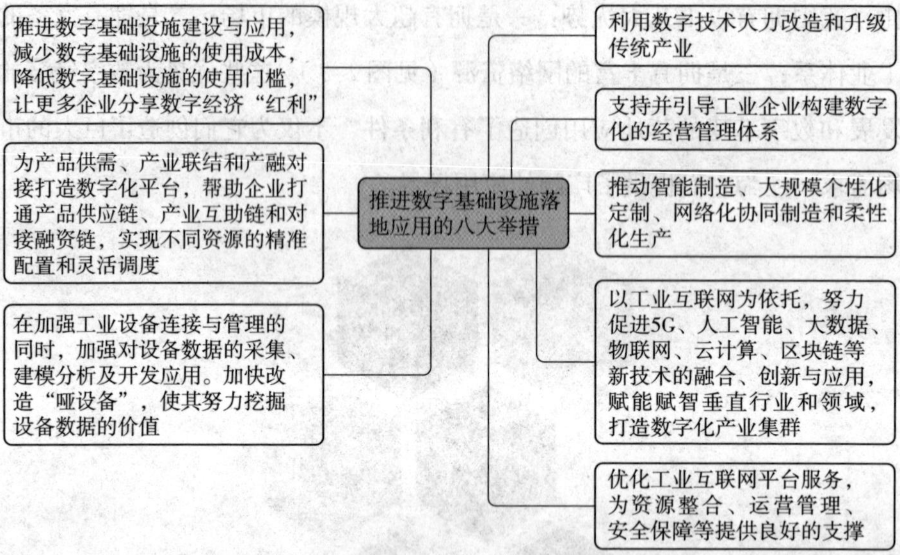

图 2–4　推进数字基础设施落地应用的八大举措

携手参与“一带一路”倡议的国家，推进数字基础设施建设，提高跨境通信交流、导航定位能力，提升大数据采集管理、交换共享、挖掘分析水平，不断改善区域通信状况，努力提高区域间互联互通的层次。为了更好地进行数字经济技术的开发与应用，需要建立一个开源开放的平台，例如建立国际化的开源社区或开源平台等。开源开放平台建设有助于向企业开放底层技术，例如基础框架、基础服务、开发工具、基础算法组件等；同时也可以吸引国际团队、全球企业、优秀项目入驻，促进技术的协作攻关与迭代升级。

要提升数字经济国际竞争力，就需要制定数字化标准。因此，在数字经济领域，我国要积极参与相关的国际标准制定，创造并推广“中国标准”，努力获得国际话语权。与此同时，我国还要努力构建网络空间命运共同体，加强研究国际数据治理规则，增加数据治理政策储备，建立健全知识产权保护的法律法规，完善数据跨境交易、流通与监管机制。

弥合城乡区域“数字鸿沟”

一、以“智慧城市”为抓手，持续推进信息化、工业化与城镇化深度融合

政府要在建设智慧城市的基础上，构建相应的基础设施体系，并使其适应数字经济和智能社会发展需求。与此同时，政府还要为智能城市搭建数字化管理平台，将数字基建与城市智能场景相结合，例如将数字基建与交通、教育、商务、医疗、金融、安防等场景相结合，从而提升公共服务水平，改善市民生活质量。智慧城市要具备智慧化的公共服务、精细化的社会治理和精准化的安全监管，要以数字基建为抓手不断优化城市对资源的统筹能力，努力提升城市的应急响应能力和应急保障能力等。

在公共卫生方面，利用5G、人工智能等技术打造数字化、智能化的公共卫生服务体系。针对公共卫生事件建立健全相应的数字化平台，通过数字化平台促使网络直报、监测预警、应急管理和疾病预防等一一落地；针对重大公共卫生风险，提高风险发现、预警和响应处置能力；建立数字化医疗和健康服务平台，例如打造跨领域联合的“医共体”等，同时还要建立并推广“5G+”远程会诊系统。城市要在疾病预防控制机构、常规医疗机构和重大疫情救治体系之间搭建数字化协同平台，提高各机构之间的信

息共享、资源统筹调配和业务协同配合能力，使防控救治的各个环节相互联通。

打造“数字政府”，强化政府的数字化治理能力。建立跨部门业务协同模型，将独立运作的数字政务系统转变为多部门协同治理的政务系统。为了赋能基层社区治理，要将数字基建延伸至基层社区治理的各个单元，不断强化后方的数据分析和监测能力，弱化前方的人海战术。

二、注重区域协调和城乡融合发展，完善数字基础设施建设，打造城市群高质量发展新动力

对于信息和网络技术，不同地区的掌握水平、应用程度和创新能力有所不同。因此，在区域分布上，数字基建要做到点面结合、协调发展，坚持以城市群为载体，将数字基建的重点放在城市群或都市圈。京津冀、长江经济带、粤港澳大湾区等是我国重点建设区域，加快在这些重点区域构建城市群数字网络，不仅可以促进人流、物流、资金流、信息流的合理流动，还能使它们高效集聚，从而提升地区资源配置效率，提升地区企业的生产效益，开拓区域融合发展的新空间。同时，要在这些重点区域的各个城市以及城市群间，对传统基础设施进行数字化、智能化改造和升级，打造高效便捷的“1小时都市圈”；要扩大数字基建的普惠范围，缩小城乡差距和两者之间的“数字鸿沟”，推动落后地区的数字基础设施建设与改造。

针对农村地区，要大力推进通信基础设施建设，既要完善信息终端，又要保障服务供给，加快解决短板问题，避免信息落差带来新的贫富分化。在数字经济时代，要打造城乡融合发展的数字基础设施体系，促使数字生产要素在城乡间双向流动；要着力促进农村电子商务和远程教育培

训，着力打造农业物联网平台、实施自然资源遥感监测，着力推进智慧农业基础设施建设；要以“数字乡村”为依托，完善乡村产业体系，实现农业、农村现代化。同时，还要努力提高人民的信息化素养，做好数字技术使用的宣传和教育工作。

第3章
后疫情时代，中国数字经济新范式

生产变革：共享制造模式崛起

因为新冠肺炎疫情，我国乃至世界经济都受到了严重冲击，疫情过后，世界将掀起新一轮科技革命和产业变革浪潮。接下来，我国经济发展的共识和方向是什么呢？首先，需要进一步提升我国经济系统的抗风险、抗冲击能力，提高其应对突发事件的柔韧性。其次，在疫情期间，各行各业强烈地感受到数字经济的强大，因此，充分发挥数字经济的作用，为宏观经济注入稳定剂、缓冲剂和加速剂也应该成为一项共识。最后，提高国民经济对生产、分配和消费的调整能力也是一大方向。为了实现这些目标，我国需要加快5G网络的部署，推进人工智能等新型基础设施建设，提高新旧动能转换效率，加快传统产业向数字化、网络化、智能化方向的转型步伐，积极助力数字经济和产业互联网实现又好又快发展。

疫情为企业发展带来了一定的冲击，同时也对企业的稳定性进行了一次特别的测试。在这场测试中，许多企业发现了这样的问题，即传统生产方式面对产业链和供应链的急剧变化往往很难敏捷地予以应对。因此，企业想要进一步发展，就需要加速生产方式的变革，争取在提高生产方式韧性上有所突破，要不断增强应对变化的能力，在维持企业生存的同时，提高企业的市场竞争力。相关调研显示，在疫情期间，企业的数字化程度越高，受疫情冲击的影响就越小。因此，为了更好地应对外部市场环境的不确定性，企业应该把数字化转型作为关键策略。

在疫情的刺激下，数字技术应用的广度与深度将持续增加。在疫情期间，企业对大数据、云计算、人工智能等数字化技术有了更全面的认识，对这些技术的可用性、易用性和有用性产生了更加深刻的理解，破除了对技术的认知障碍，对这些技术的发展和应用产生了积极的推动作用。

- 在商业竞争中，企业将加速采用大数据、云计算、人工智能等新技术。在强大计算能力的支持下，企业可以根据相关数据对行业变化和市场动向进行精准预测，并将这种预测作为生产决策和库存管理的依据。
- 企业将加快改造传统生产设备，使所有设备向数字化、网络化、智能化方向转型，同时还会大量引入智能生产线，利用技术手段更加敏捷地觉察市场需求，有效应对市场需求的弹性变化。
- 企业将进一步加快进入“云端”的速度，利用云上迁移灵活调整成本结构，不断降低生产成本与固定支出。

在这个过程中，企业很可能会形成一种新型的生产方式，例如共享制造。共享制造是一种围绕生产制造环节，把分散、闲置的生产能力集聚起来，在需求方之间进行弹性匹配和动态共享的新型生产方式。从本质上看，共享制造是一种利用数字技术提高经济活动柔韧性的手段。

要实现共享制造，就需要搭建共享制造平台。这一平台是促进共享制造发展的关键，可以逐渐打破企业之间的“壁垒”，推动生产组织方式向网络化方向转变，促进平台型经济发展。共享制造不仅改变了企业的技术和资本投入方式，还改变了企业的劳动投入方式，使共享用工成为未来企业用工的主流方式。

未来的竞争不再是企业之间的竞争，而是生态体系之间的竞争。在未来的竞争中，产业链上下游企业将加速构建数字生态共同体。不同的企业可以根据自身优势，利用网络方式融入这种协同共生的数字生态共同体之中，同时以网络化形式成为整个产业集群的一员。在共同体中，企业间的协同效应会不断扩大，企业自身的竞争优势将持续增强。中小微企业会加速推动细分领域内竞争格局的分化。国家统计局第四次全国经济普查数据显示，2018年底，中小微企业约占我国企业总数的99.8%，年营业收入约占企业总年营业收入的68.2%。未来，中小微企业将进一步加快融入数字生态共同体的步伐，一方面将促进细分领域解决方案的迅速发展，另一方面将促进市场竞争格局加快分化。

消费模式：数字化零售新生态

受新冠肺炎疫情影响，人们的消费行为从线下大规模转到线上，这不仅推动了消费模式的巨大变革，也促进了数字消费新业态、新模式的蓬勃兴起。疫情是一个不确定的“外力”，具有强迫性，它的降临一方面刺激人们走向在线购物，另一方面也迫使零售业不得不加速数字化转型。以生鲜电商为例，在疫情的刺激下，生鲜电商迎来了大发展，商场、超市、菜市场、餐饮商户原本都属于传统业态，在疫情的影响下，这些传统业态大多接入了电商平台，转向线上。除此之外，一些房地产企业推出“云”带看业务，一些汽车企业采用了直播带货模式。

从数据来看，垂直电商在2020年的活跃度要远远超过上年同期。举例来说，美团买菜、京东生鲜、每日优鲜在订单量、配送量和交易额等方面都有明显增长。例如在北京地区，美团买菜在春节后的日订单量是春节前的2～3倍，京东生鲜在春节后的配送量比春节前增长了370%，每日优鲜在除夕至正月初四的交易额是2019年同期的321%。

我国数字消费的兴起虽然源自疫情刺激，但也符合一般的经济学逻辑：

- 在疫情期间，消费者开始尝试各种新业态、新模式和新应用，并从中获得了沉浸式购物体验，增加了对网站、应用的偏好和黏性。
- 疫情迫使人们主动进行教育消费。消费者通过在线上长时间地集中学习，可以掌握各种技能，并将这些技能转化为自己的存量技能。这种学习模式不仅大大降低了学习成本，还极大地提高了用户的渗透率。
- 虽然数字消费不能完全替代传统消费，但是它可以进一步挖掘消费者的潜在需求，扩大需求市场，带动传统消费。

总体来看，在疫情期间，我国零售业态主要发生了两个方面的变化，如图3–1所示。

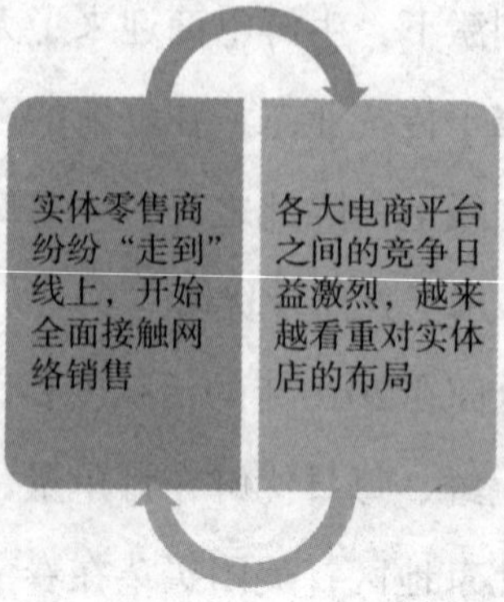

图 3-1　疫情期间我国零售行业的两大变化

一、传统零售业巧借平台东风

实体零售商纷纷“走到”线上，开始全面接触网络销售。电商卖货不仅限于淘宝、京东等传统电商平台，还可以在外卖、社交、直播等平台进行，目前，这些新兴平台已成为电商卖货的新阵地。其中，超市、便利店等传统零售一方面开发小程序的外送服务，另一方面不断挖掘外卖平台的潜能；商场、购物中心等传统零售则偏爱社交消费，它们对组建售卖群、推送店铺折扣消息等情有独钟；家电、汽车、房地产等行业纷纷学习网红直播带货，加快了对直播卖货的探索步伐；还有一些企业热衷于自行开发App和小程序，努力布局线上资源。

举例来说，在疫情期间，绿地优选、卜蜂莲花、步步高、永旺等近40家连锁商纷纷入驻京东到家，开启线上卖货模式。受疫情影响，服装品牌太平鸟在全国范围内的半数门店被迫关闭，为了生存下去，太平鸟通过微信平台、电商平台、直播平台等推出了一系列线上营销模式，例如微信会员专场、微信秒杀、小程序分销、不同区域轮流直播等，通过这些营销活动实现了日销售额超800万元的优秀成绩。另外，传统线下商场银泰百货也损失惨重，不过其通过入驻淘宝直播和网购平台喵街，已经在2020年2月中旬恢复了近半的销售额。

二、电商巨头布局线下实体店

近几年，各大电商平台之间的竞争日益激烈，越来越看重对实体店的布局。实体店对消费者体验有直接影响，因此，实体店再次成为电商巨头的新战场。各大电商在实体店领域的竞争非常激烈，在疫情的影响下，这些电商巨头进行实体店布局的脚步不仅没有停滞，反而越来越快。这其实不难理解，零售业的竞争也是服务的竞争，各大电商之所以会大力抢占线下资源，主要是为了提升消费者的购物体验。在新冠肺炎疫情期间，各大电商要满足居民消费需求，就要让服务直达社区，这样才能在降低疫情风险的情况下为居民提供更好的消费体验。

例如，在疫情期间，京东加大了对京东便利店、7FRESH、京东大药房等线下实体店的支持，确保满足社区团购等居民消费需求。阿里巴巴集团加强了盒马1+N策略，不仅大力投入鲜生大店的建设，还积极增设盒马mini小店，使其产品和服务可以更好地深入到各个社区。苏宁则借助旗下的家乐福超市推出了“福社圈”到家服务升级计划。苏宁在全国拥有209家家乐福超市连锁店，计划围绕各个家乐福门店，将服务覆盖到半径10公里以内的35万个社区。每个社区的用户都可以享受高时效的配送服务，例如3公里1小时达、10公里半日达、一日三送等，除这些高质量的配送服务和丰富的商品外，家乐福还可以为用户提供清洗、维修、家政等社区服务。

不难看出，在后疫情时代，能够客观表现零售演化方向的不是“取代”，而是“融合”。所谓“融合”，就是线上零售与线下零售的相互渗透、相互融通。可以预见，未来将不会再有新旧零售之分，各个零售企业为了扩大销售渠道，必定会将线上零售和线下零售相融合，使线上零售与线下零售同步发展。

实际上，线上零售与线下零售融合是一种全供应链的竞争。供应链是零售竞争中最重要的武器。疫情加速推进了消费场景的变革，企业不仅要抓住疫情时期的流量，还要加紧构建新零售场景，这就意味着企业要在紧抓机遇的同时进行长线布局。在此形势下，拥有更完善的后端供应链和配送服务的企业往往能从激烈的零售竞争中脱颖而出。

物流变革：未来的智能化物流

在“抗疫战争”打响时，物流作为有力的后勤保障手段显得尤为重要。想要将口罩、防护服等医疗物资快速运到“前线”，保障居民日常消费物资的充足，使企业复工的各类材料得到及时供应，必须依靠快速高效的物流体系。通过对疫情期间的物流业进行复盘，预测物流业未来发展的趋势，如图3-2所示。

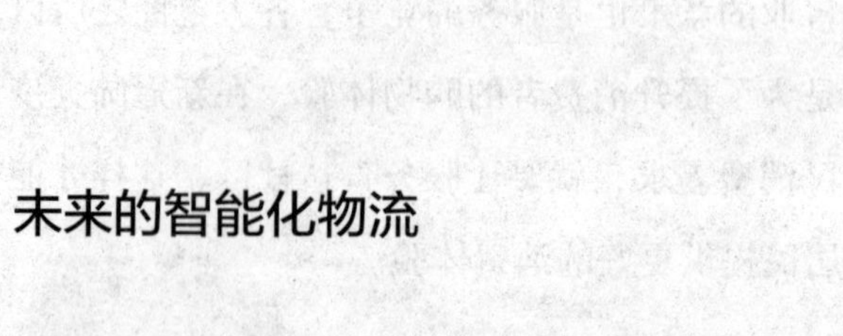

图 3-2　我国物流业未来发展的三大趋势

一、“无接触配送”成为物流服务新范式

在防疫期间，“无接触配送”成为物流服务新范式，这是面向防疫形势的基本要求，也是消费者逐渐习惯的一种配送模式。未来，快递企业应加大“无接触配送”的力度，使整个配送环节更加安全。“无接触配送”是物流产业的一个发展方向，实际上，人们对“无接触配送”并不陌生，最典型的例子是智能快递柜的普及与应用。近年来，智能快递柜在社区内蓬勃发展，许多居民早已享受过相关服务。在疫情期间，武汉、广州、上海等重点城市的多家医院开始采用无人机、无人送货车、智能机器人等“黑科技”进行物流配送。虽然将这些新技术应用于日常快递配送尚存在一些门槛，但它们的出现为未来物流配送指明了方向，给人们留下了更多关于未来物流的想象空间。

二、无人化、智能化设备升级

与其他企业一样，各大物流企业在疫情期间也面临人工短缺问题，特别是对生产企业来说，由于受到各种因素的影响，物流服务一直不稳定，难以保障生产物资的及时供应。在这些难题的刺激下，未来的生产物流将兼具智能化操作、无人化技术和设备，向无人园区、无人码头、物流机器人等方向发展。

三、应急物流建设提上日程

面对突如其来的疫情，我国在应急物流的组织、安排等方面暴露出许多问题，但这未必是坏事，将有助于我们及早发现并解决问题，深刻认识到加快应急物流建设的重要性，整合社会上的各种资源，对各类应急物流企业进行统筹管理，建立一个高效的紧急物流系统。在这个过程中，最关

键的是要解决信息不对称问题。

以上三个方面有一个共同点，即都是以物联网、大数据、云计算和人工智能等新一代信息技术打造智慧物流。智慧物流也是数字物流，它能像人的大脑一样对整个物流系统的信息进行自动采集和处理，制定最优化的路径和决策，实现物流的最优化布局和运行。在智能物流系统中，各组成单元可以分工合作、协同作战，以高质量、高效率和低成本的理想方式实现物流服务。

国家发改委对智慧物流的发展也十分重视，近几年，一直致力于对智慧物流的监测分析和前瞻性研究，力求为智慧物流的进一步发展创造更好的政策条件，营造一种良好的发展环境。未来，随着我国物流市场的集中度不断提高，智慧物流的发展趋势将转变为充分利用互联网平台整合资源的能力，努力提高产业链上下游的业务协同、资源共享能力，在降低物流成本的同时，将物流资源下沉进社区和基层。

2020年，我国将加快推进物流基础设施建设，吸引更多、更频繁的投资和融资。2018年12月24日，国家发改委、交通运输部以及其他相关部门联合发布了《国家物流枢纽布局和建设规划》，该规划提出“到2020年通过优化整合、功能提升，布局建设30个左右辐射带动能力较强、现代化运作水平较高、互联衔接紧密的国家物流枢纽，到2025年布局建设150个左右国家物流枢纽”。2019年，顺丰速运发布《关于湖北国际物流核心枢纽项目的进展公告》，计划将在2020年基本建成湖北国际物流核心枢纽，并于2021年正式投入运营。另外，圆通速递也启动了嘉兴航空物流枢纽等项目。总之，我国的航空货运枢纽建设已经进入快车道，未来的物流将会越来越高效。

管理变革：企业实现远程管理

受新冠肺炎疫情影响，我国的复工复产之路虽然困难重重，但仍有序、稳步前进。目前，大部分企业已经基本实现复工复产。在复工复产过程中，许多企业意识到传统管理模式在抗风险方面的不足，纷纷开始发展线上远程管理，这极大地推动了企业管理模式的变革。在数字经济时代，企业经营管理的各个流程和价值链环节都开始不同程度地向线上转移，随着远程办公、云签约（电子合同）等办公及签约方式的爆发式发展，供应商远程管理和客户远程管理将成为行业发展趋势。

疫情期间，远程管理发挥了极其重要的作用，相关应用快速崛起。尽管如此，一些业内人士依然对远程管理存在一定的担心，如担心远程管理无法对现场管理起到替代作用，或者无法发挥现场管理的正常功能。在后疫情时代，随着复工复产陆续推进，现场管理将重新回归支配地位，远程管理的优势将被逐渐淡化。虽然这样的分析有一定的道理，但仔细探究就能发现，这样的担心并不尽然。

英国经济学家罗纳德·科斯（Ronald Harry Coase）的企业和市场理论是现代企业管理的核心理论。这一理论认为，企业出现的原因在于人们能在其内部利用行政指令降低资源配置成本，提高资源配置效率。远程办公不仅可以降低企业的交易成本、提高企业的办公效率，还可以优化企业内部的管理机制。因此，企业可以在内部实行远程办公，或者通过远程管理加强跨区域协作；在外部通过云签约（电子合同）来加强与市场的互动。

我们不能否认现场管理的主导地位，甚至在未来较长的一段时间内，它仍然会处于主导地位。但是，我们必须明确这样的事实，即我国企业的数字化水平正在不断提高，业内人士对远程管理的认知能力也在不断提高。在这样的趋势下，远程管理在企业管理中的比重将迅速提高，它将与现场管理共同支撑起企业的正常运转，在两者的协同作用下，企业管理效率将大幅提升。未来，企业可以利用数字技术模拟各种冲击事件，提前做好风险预测，制定远程管理方案，从而大幅度提升企业的稳定性，提高其应对风险的能力。

随着企业管理模式不断变革，企业对远程管理平台、软硬件的需求将不断扩大，这将推动远程管理应用快速增长。在新需求的驱动下，企业会加快管理业务向数字化方向转型，推动管理业务向“云”上迁移，并通过云技术实现经营数据和管理数据的实时采集、融合与处理。

数字经济的新业态、新模式包括共享制造、数字化零售、智能物流、远程管理等。作为数字时代的新兴事物，这些新业态、新模式难免会与现行的监管制度产生诸多摩擦。因为这些监管制度是在工业时代建立起来的，它们与工业经济的契合度更高，与数字经济的契合度较低。随着数字技术向传统部门逐渐扩散，这些摩擦可能会不断升级，因此需要多个部门进行共同监管。

在多部门的共同监管下，我们更应该重视对数字经济发展模式的判断，不断加强对数字经济增长效应、就业效应和外部效应等方面的研究。作为监督执法者，政府部门既要秉持包容、审慎的监管原则，明确对数字经济的监管空间、监管边界和监管标准；又要开放监管程序，提高监管的透明度，及时针对被监管者提出的意见给予反馈；还要加强监管成本与收益的统筹与权衡，进一步降低监管成本，提高监管效率，不断鼓励新业态、新模式跨区域、跨行业发展。

Part 2
产业互联网

第4章
产业互联网：重构数字经济新格局

5G+云+AI赋能数字经济

在数字经济助力下，传统产业不仅可以持续向着更广的方向发展，还能向着更深的领域迈进。数字经济可以帮助传统产业在降低成本的同时提高效能，是社会经济发展的新动能。在全球数字经济深入发展的过程中，数字经济的发展重心将逐渐转变：原来的重心是消费互联网，未来的重心将转向产业互联网。5G、云、AI等技术的融合可以使各行各业释放前所未有的发展潜力，推动各行各业向着智能化方向升级发展。

数字经济的关键生产要素是数字化的知识和信息，它可以将数字技术和实体经济进行深度融合，帮助传统产业不断提高数字化和智能化水平。在5G、AI、大数据、云计算、物联网等新兴数字技术的助力下，传统产业将不断推动企业主体提升生产效率，优化设备配置。同时，借助这些技术，产业上下游的各个企业将连接起来，实现企业数据的共享，不断提高企业的内部运作效率和对外服务能力，实现跨领域发展。

在5G+云+AI的助力下，行业的种类将越来越丰富，企业产生的数据量将越来越大，整个行业体系、企业体系将越来越需要多元架构的支撑。将5G、云计算和AI相融合，实现数字技术的创新发展已经成为数字经济发展的必然趋势。5G+云+AI可以为数字经济的发展提供重要引擎，同时也可以加速数字溢出，将数字的价值不断放大。

一、5G技术加速社会数字化发展进程

5G技术具有三大特性：一是高速率，5G网络速率是4G的10～100倍；二是超低时延，高可靠性；三是大带宽，可以实现海量连接，如图4-1所示。就5G网络来说，网速的大幅度提升可以给用户带来更好的体验与感受；超低的时延可以为敏感型业务提供及时的支持，并能以更安全、更可靠的网络连接来支撑车联网、工业控制、智能电网等垂直行业。同时，5G网络可以面向个人用户、企业用户、工业智能设备等多元化主体，为每平方公里提供百万级数量的连接，实现人与人、物与物、人与物的万物智能互联。

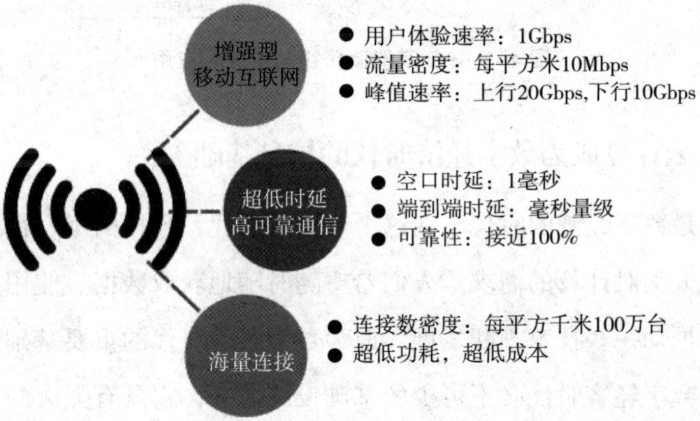

图4-1 5G三大关键技术特性

在传输速度上，5G网络可以媲美光纤；在万物互联上，5G网络可以实现泛在连接；在实时能力上，5G网络可以接近工业总线。不仅如此，5G还可以与多种高端技术进行深度融合，例如与云计算、人工智能等技术融合。以5G为首的新型技术在进行深度融合后，会不断向垂直领域渗透，为垂直

行业的发展带来新机遇，促进各行各业实现高质量发展。总之，5G技术既能推动企业的数字化转型，又能助力城市的智能化升级，如图4–2所示。

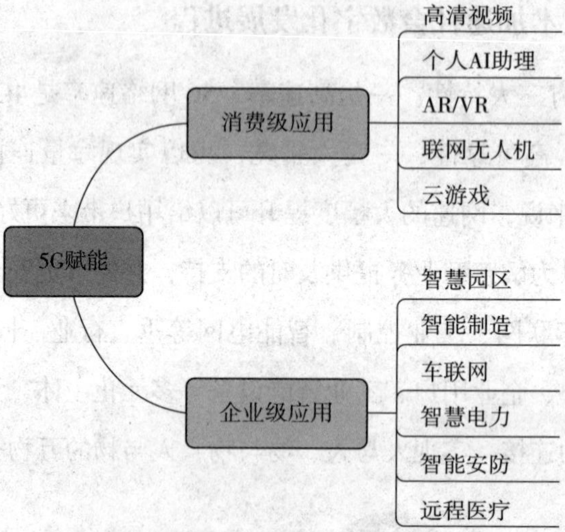

图4–2　5G赋能消费级与企业级应用

二、云计算成为数字经济时代的信息基础

未来是数字经济的时代。在这个全新的时代，数据的爆发性增长可以大幅促进人类对计算的需求。人们希望随时随地获取数据、使用数据。这种趋势会推动一些技术不断发展，成为数字经济时代的重要基础设施。云计算就是数字经济时代必不可少的基础设施之一，它具有强大的为公众提供计算和存储服务的能力，助力数字经济进一步发展，推动整个社会加快进入数字化时代的步伐。目前，云计算应用已经在我国互联网行业逐渐普及，未来它将加快向政务、工业、金融、轨道交通等行业渗透，为政府和企业的数字化转型奠定良好的基础，如图4–3所示。

2018年，我国云计算市场的总体规模达962.8亿元，比2017年增加了39.2%。云计算市场可以分为公有云市场和私有云市场，其中，公有云市场的规模达437亿元，同比增长65.2%，预计到2022年市场规模将达1731亿元；私有云市场的规模达525亿元，同比增长23.1%，预计到2022年市场规模将达1172亿元。

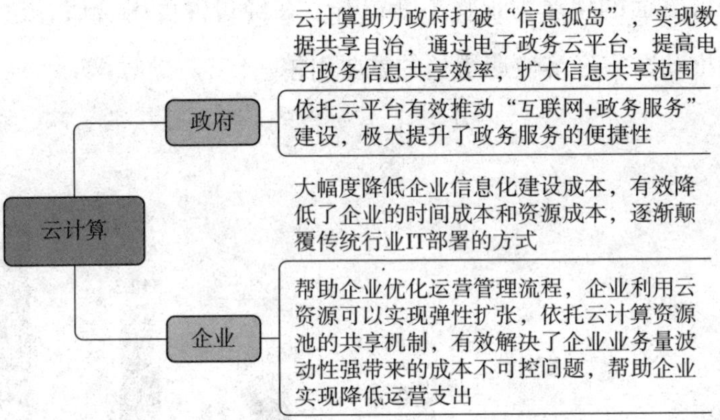

图 4–3　云计算对政府和企业的技术支持

三、人工智能驱动传统产业变革

随着算法、数据采集和计算能力不断进步，人工智能的发展进入了一个新阶段，呈现三大特点：一是更具专业性；二是更具专用性；三是更具普惠性。人工智能应用的逐渐成熟，不仅为传统行业的发展注入了新动力，也为新兴市场的兴起增加了新能量。互联网数据中心（Internet Data Center，IDC）的数据显示，2018年，我国人工智能市场规模已经达到161.9亿元，2022年，人工智能市场规模预计将达到700亿元左右，年复合增长率超过50%，如图4–4所示。

在数字经济时代，数据将成为核心资源，在整个生命周期中要经历产生、传输、存储、计算、分析和应用等环节。在数字经济新时代，将5G、云和AI相互融合，可以在数据的整个生命周期形成从终端、边缘到中央云的一体化生产工具。5G、云和AI 技术在数据领域的应用分工非常明确，

5G可以实现对数据的高效传输，云可以实现对数据的计算和存储，AI可以实现对数据的分析和挖掘。随着5G、云和AI三种技术的深度融合，数据的更多应用价值将被“精练”出来，数字溢出将不断涌现，企业、行业和供应链等各方面的生产力也将不断提升。在经过深度融合后，这三种技术必将成为推动数字经济快速增长的重要引擎。

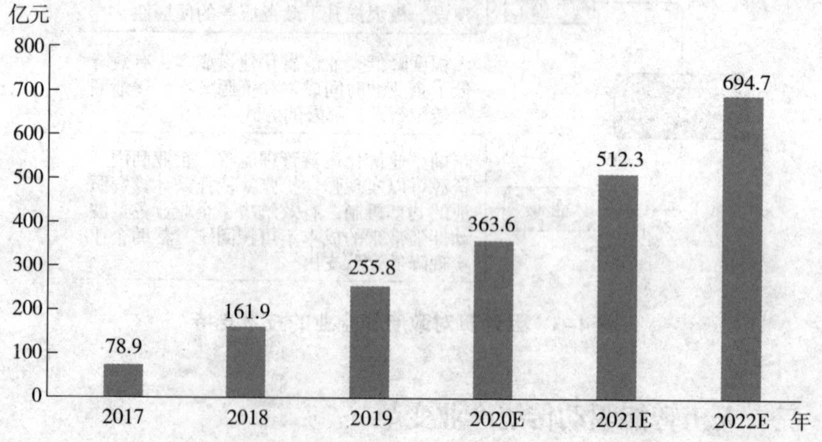

图 4–4　2017—2022 年中国人工智能市场规模

5G+ 云 +AI 正在逐渐向各行各业渗透，深入各个生产流程，以数字化的方式帮助行业解决发展中遇到的各种问题，帮助企业完成规划、研发、生产、制造、销售、服务等全方位、全流程的数字化、智能化升级。

产业互联网VS消费互联网

目前，我国经济发展已经从高速增长阶段迈入高质量发展阶段。为了推动经济实现高质量发展，必须打造牢固的实体经济根基。现阶段，我国的移动互联网、人工智能、云计算、大数据、物联网等新兴信息技术发展迅猛，这些技术带动了互联网的发展升级，原本的消费互联网已经不能满足数字经济时代的发展需要，互联网发展开始转向产业互联网。

新兴信息技术能够与实体经济深度融合，为实体产业不断“赋能”。随着这些技术不断发展，“赋能力”进一步增强，将进一步加快实体经济向数字化、网络化、智能化方向发展的进程。新兴信息技术的深度融合颠覆了传统的经济发展模式，重塑了全球产业链分工，为数字经济的发展提供了大能量、大动力。在未来的一段时间，我们应该重点研究和思考以下问题：第一，如何充分认识产业互联网的广阔前景？第二，如何更好地把握产业互联网的重要内涵？第三，如何释放产业互联网的内在潜能？研究和思考这些问题可以助力实体经济顺利实现转型升级。

一、从消费互联网到产业互联网的演变

迄今为止，互联网产业的发展大致经历了两个阶段：一是消费互联网阶段，二是产业互联网阶段，如图4-5所示。20世纪90年代，社会上掀起第一场互联网热潮。在这场热潮中，互联网技术被大规模应用于消费领域，包括门户网站、电子商务、在线游戏等在内的终端用户大多成了互联网的消费者。因此，人们把这一阶段的互联网称作消费互联网。

随着“互联网+”不断向更广、更深的层次推进，数字技术与农业、工业、建筑业、服务业等传统产业加速融合。传统产业在向智能化、数字化转型的过程中，逐渐成为数字技术的重要用户，互联网技术与传统产业的高度融合让产业互联网走上了历史舞台。产业互联网是市场的产物，是被企业界广泛接受的产业实践的结晶。2018年9月30日，腾讯公司提出了

一个新战略——“扎根消费互联网，拥抱产业互联网”，瞬间点燃了产业互联网的热度。

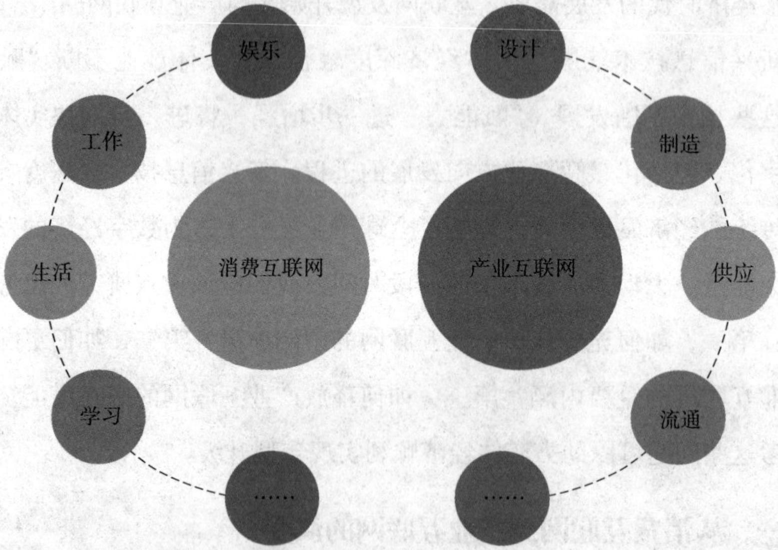

图 4–5　消费互联网 VS 产业互联网

什么是产业互联网？简单来说，就是一种新型的技术模式或经济活动，将传统网络技术与新一代信息技术进行深度融合，并应用于产业领域。在互联网、移动互联网、物联网等信息技术的支持下，产业互联网可以在企业生产经营的各个部门和环节建立广泛连接，同时可以利用大数据、人工智能等新一代信息技术提高企业经营活动的精准性和敏捷性，确保企业的运行效率和经济效益。

产业互联网具有三大特点：一是连接类型多样；二是行业应用广泛；三是流程再造程度深。目前，产业互联网已经成为数字经济增长的重要引擎，能够在多个行业发挥重要作用，例如，提高现有产业的劳动生产率，培育新市场，让产业产生新的增长点，实现产业的包容性增长和可持续发展，等等。

二、产业互联网VS消费互联网

产业互联网是数字经济发展的新阶段，与消费互联网存在显著差异，主要体现在五个方面，即支撑技术、连接对象、数据应用、应用对象和应用效果，如表4–1所示。

表 4–1　消费互联网与产业互联网的差异

项目	消费互联网	产业互联网
支撑技术	消费互联网的技术基础比较简单，主要是以互联网、移动互联网、物联网等代表的网络连接技术	产业互联网的技术基础更加多样，既包含网络连接技术，又包括数据存储、处理技术，还包括产业应用技术。其中，网络连接技术包括互联网、移动互联网、物联网等；数据存储、处理技术包括大数据、云计算、人工智能等；产业应用技术包括虚拟现实、3D打印等
连接对象	消费互联网只是实现了人与人之间的连接	产业互联网则要实现万物互联，更强调人与物之间、物与物之间的连接，包括生产设备、产品、服务、应用场景之间的连接以及它们与用户之间的连接
数据应用	消费互联网受网络、算力和算法等的限制，很难做到实时采集、存储和深度挖掘各类数据，无法充分发挥数据的真正价值	产业互联网则能实现这一切，事实上，产业互联网的核心要素就是数据，它要求对数据进行全流程、全生命周期的采集、流动和反馈，致力于对在线数据进行实时分析、自主决策和学习提升，打造自动化、数字化、智能化的核心业务
应用对象	消费互联网的主要服务对象是终端消费者	产业互联网的主要服务对象是企业。产业互联网可以为企业提供各种应用，可以将新一代信息技术应用于企业生产活动的全价值链流程，包括产品的研发设计、生产制造、产品营销、售后服务等；应用于企业的各个部门，包括研发部门、财务部门、生产部门、营销部门等；应用于全商业生态，包括企业本身、企业上游供应商、企业下游分销商和用户等
应用效果	消费互联网通过人与人之间的连接，实现了人与人之间的信息交流，为用户解决了与企业之间的信息不对称问题，大大降低了社会生产成本，成功催生出新的产业模式，创造出不同的增量产业	产业互联网以产业为着力点，主要作用于以下几个方面：优化企业内部流程、改善资源配置、提高运营效率、创新商业模式等。总之，产业互联网的主要贡献在于提高了实体经济的运行效率和经济效益

一场全新的范式革命

产业互联网运用的是新一代信息技术，包括互联网、移动互联网、物联网、大数据、云计算、人工智能等。产业互联网是一种全新的产业发展范式，它不仅能促进企业内的人、物、服务之间的互联互通，还能促进企业与企业之间、企业与用户之间的互联互通。同时，产业互联网还能使线上与线下相融合，使资源与要素相协同。产业互联网具有多种含义，例如，它是一种新的生产方式、组织方式、运营方式，是一种新的基础设施。当然，毋庸置疑的是，产业互联网是新一代信息技术与工业、农业、服务业等各类产业深度融合的产物。

一、产业互联网：一场全新的范式革命

如果我国能够构建一个更强大、更智能、更安全的产业互联网，产业升级步伐就能进一步加快。构建强大、智能和安全的产业物联网有以下好处，如图4-6所示。

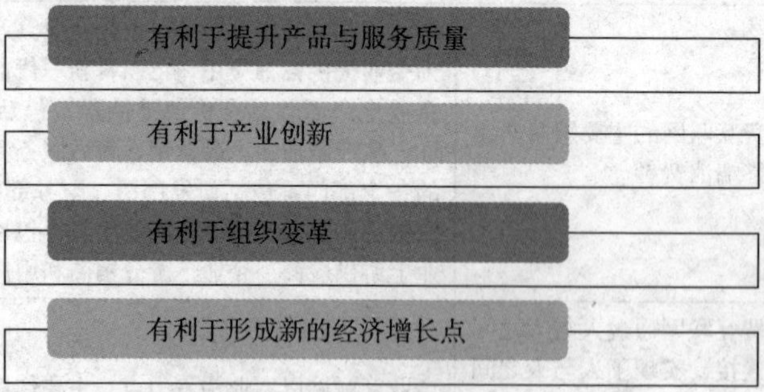

图 4-6　产业互联网的四大优点

（1）有利于提升产品与服务质量。产业互联网能够解决传统产业产品与服务质量不高的问题，可以为企业的检验检测体系赋能，借助数据采集

和分析，判断产品与设备的运行状态，对设备故障进行提前评估和预防；也可以对产品进行可视化的自动检测与全程追溯，实现智能化质检；同时还可以健全企业质量管理体系，全面提高企业质量管理水平。

（2）有利于产业创新。在产业互联网背景下，企业和产业可以结合自身情况，以国家战略、市场需求、未来方向等为导向，更高效地开展四大创新——仿制创新、集成创新、原始创新和颠覆式创新。产业互联网不仅能推动企业创新体系和产业创新体系建设，还能推动国家创新系统建设和政、产、学、研、用、金相结合的创新生态体系建设。

（3）有利于组织变革。产业互联网可以彻底打破“大而全”“小而全”的传统生产方式，使企业根据专业化的分工要求推进业务重组、业务外包、企业联盟、供应链合作等。这不仅能帮助企业实现大范围的智能生产、柔性生产和精益生产，还能帮助企业实现大规模个性化定制。

（4）有利于形成新的经济增长点。我国拥有世界第一的人口数、网民数，不仅是全球最大的传统产业市场，也是最大的新兴经济体。目前，我国产业互联网的发展还处于起步阶段，农业、工业、服务业等行业的数字化程度比较低。例如，我国的数字化工厂所占的比例较低，只有欧美的一半左右，工业设备的智能化水平也远不及欧美国家，数据分析也稍显落后。总体来看，我国产业互联网平台更倾向于应用，这表明我国产业互联网拥有极为广阔的发展前景。在不久的未来，可能催生出万亿美元的市场，推动我国经济实现高速、高质增长。

二、产业互联网的三种递进形态

从应用形态来看，我国产业互联网至少有两个发展方向，即深度发展和宽度发展。其中，深度发展对应专用性，宽度发展对应通用性，从这个视角可以将产业互联网划分为以下三种类型，如图4–7所示。

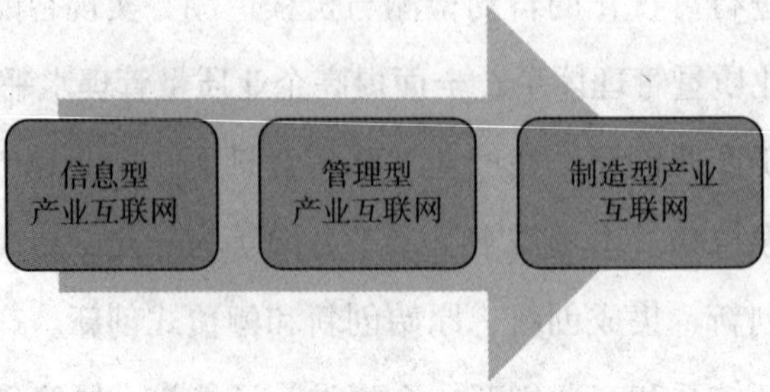

图4–7　产业互联网的三种类型

一是信息型产业互联网。这种产业互联网拥有很强的通用性和很弱的专用性，可以为企业提供一些通用性的服务，包括IT、互联网等基础性服务。信息型产业互联网可以让企业实现基本的信息化，并能通过互联网应用帮助企业减少信息成本和交易成本，例如通过云计算服务、在线办公系统、B2B贸易对接、C2B个性化需求搜集、生产环节协作等典型的应用来降低成本。这些应用服务大部分互联网企业都可以提供。从一定程度上来说，信息型产业互联网就是在企业服务领域简单地复制消费互联网模式，是互联网巨头向产业服务转型的切入点。

二是管理型产业互联网。这种产业互联网拥有较强的通用性和一定的专用性，可以为企业提供更加专业化的服务，包括专业的财务管理、企业资源计划（Enterprise Resource Planning，ERP）、人力资源管理、专业数据库构建等。这些服务已经超越了完全通用性IT服务的范畴，需要了解企业管理的专业知识和不同行业的应用特点。这类服务提供商在国内的典型代表有用友、金蝶等，在国外的典型代表有Sap、Oracle等。

三是制造型产业互联网。这种产业互联网拥有很弱的通用性和很强的专用性，可以为企业提供制造环节的各种专业化深度服务，包括“数字孪生”、生产线控制、智能制造等，也是“工业互联网”的核心环节。而要提供这些服务，就要了解产业物联网的核心难点，包括了解IT、互联网以及行业创立以来积累的专业技术知识。目前，这类服务主要由一些大型制造业企业自主探索，或者在互联网企业的帮助下，由大型制造业企业开发应用场景。

产业互联网重构商业生态

产业互联网的发展能够颠覆传统的商业生态，对商业生态进行重构。具体来看，产业互联网可以从五个方面影响传统的商业生态，如图4-8所示。

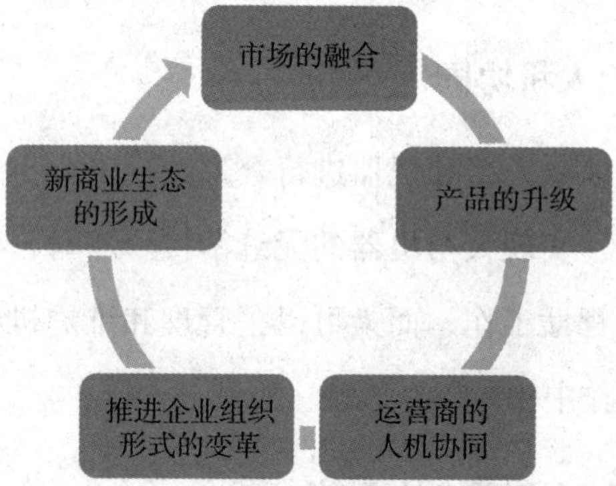

图4-8　产业互联网影响商业生态的五个方面

一、市场的融合

在解读整个经济市场时，人们习惯将其分解成金融市场、产品市场、劳动力市场等多个市场。在不同的市场上，决策主体的行为相对独立，很难在各市场之间较为快速地传递信息。产业互联网的发展为打通不同市场之间的隔阂提供了契机，使决策主体可以借助智能化供需配置器在不同市场之间快速传递供求信息。这样一来，企业就可以快速了解消费者需求的变化，并根据消费者的需要及时调整自己的生产和销售策略。产业互联网的发展便可因此有效提升社会资源的配置效率，显著提升经济的全要素生产率。

二、产品的升级

在传统的经济条件下，制造业和服务业相对隔绝，硬件和服务也是如此，产业互联网的发展将逐渐打破这些隔绝。在传统制造业，利用信息技术可以将越来越多的数字功能嵌入物理产品之中。这样一来，硬件产品就会逐渐向软件化、服务化转型，这有助于用户、企业与产品之间保持持续连接和交互，促使按需购买的方式逐渐普及。

三、运营商的人机协同

数据和算法可以让人工和机器进行合理的分工合作，将两者的合作水平提升到更高层面，实现人与机器的无缝衔接。届时，我们可以用机器代替人工完成大量流程性工作，而人可以去管理和维护机器，参与到更加具有创造性的决策工作中去。

四、推进企业组织形式的变革

英国著名经济学家罗纳德·科斯（Ronald H. Coase）认为，企业与市场是两种截然相反的资源配置方式，两者之间存在对立关系。企业是一种层级化组织，通过命令来调配资源；市场通过资源交换来实现资源配置。那么，如何划分企业与市场之间的边界呢？这主要取决于企业管理成本与市场交易成本之间的权衡。罗纳德·科斯的观点生动形象地展现了传统经济的现实，而产业互联网的发展将彻底颠覆这种现实。

- 产业互联网可以大幅降低不同企业之间的交互成本，拓展企业边界，使企业内外之间的边界变得更加模糊。受此影响，企业的内部部门可能会逐渐分离出去，形成独立的企业，这些新的企业能够与原有企业的决策核心通过网络形式继续合作与互动。
- 产业互联网也可以大幅降低企业内部层级之间的交流成本，使企业从层级化向扁平化转型。这种转型可以形成一种“前—中—后”台协同的组织模式。其中，前台负责灵活、机动地对接市场，有效保障产品销售；中台负责建立综合技术和资源配置平台，降低成本，提高运营效果；后台负责打造数据能力，提升企业整体管理决策水平。
- 产业互联网还能使组织告别固化特征，增强自身弹性，这样一来，组织就能更好地适应市场变化，大幅提高抗风险能力。总之，产业互联网的发展将引领企业组织形式变革，打造出具有网络化、扁平化、弹性化、自适应等特征的新一代企业。

五、新商业生态的形成

随着产业互联网不断发展，传统商业的竞争将从企业与企业之间的竞争转变为生态与生态之间的竞争。借助连接器、工具箱和生态，互联网企业可以顺利构建产业互联网平台，同时还可以利用信息技术与各个行业实现深度融合，推动各个行业转型升级，创造出更多新产品、新业务与新模式。

现阶段，许多互联网企业已经开始积极布局自己的商业生态。例如，腾讯公司在与企业合作的过程中愿意充当企业之间的连接器，甘愿利用自身的资源为合作企业提供入口服务。同时，腾讯公司还会为合作企业提供多功能数字工具箱，这些数字工具箱具有多样化、系统化和智能化的特点，可以帮助企业提高数字化生存能力。不仅如此，腾讯公司还会为合作企业提供技术、市场、资金等方面的支持，通过合作、服务和投资与合作伙伴共建生态圈。这些措施对优化公司的商业生态，提高生态活力起到了非常积极的推动作用。

云是新型数字生态的基础要素，在构建新型数字生态的过程中必须强调云的作用。我们可以借助云实现“三化”，即IT的普惠化、信息的互联化和应用的弹性化。在云的支持下，用户、企业和政府之间的沟通成本与合作成本将大幅降低，效率将大幅提高。

第5章

实践路径：产业互联网模式的落地

产业互联网的战略与路径

一、未来谁会主导中国产业互联网的发展

20世纪90年代，消费互联网快速发展，在这个过程中，平台扮演了非常重要的角色，是非常重要的创新引擎与组织形式。在产业互联网发展过程中，平台将继续扮演这类角色。从目前的情况看，国内在产业互联网领域表现比较出色的平台有两类，一类是有IT背景的互联网企业，例如百度、腾讯、阿里巴巴等，它们将继续发挥自己的优势，将现有业务延伸至产业互联网。

2018年10月，腾讯第三次对组织架构进行调整，开始正式布局产业互联网；阿里巴巴再次提出“新制造”，致力于用大数据、云计算、物联网等新兴技术推动中国传统制造业升级，帮助传统制造业接入互联网，实现智能制造；百度很早之前就发布了自动驾驶乘用车量产及智慧城市建设计划。从这三大互联网巨头的一系列动作来看，未来，产业互联网的发展将如同消费者互联网一样，从边缘力量获取发展动力。

另外一类是较早进行数字化转型的大型制造商。与消费互联网相比，产业互联网涵盖了更多生产与供应流程，专业化程度更高，也更加复杂。因此，在布局产业互联网方面，大型制造商拥有得天独厚的优势。目前，德国的西门子、美国的GE，中国的华为、海尔等企业都已经推出了自己的平台，拥有了一定的影响力。未来，在这些企业中，必定会出现产业互联网领域的佼佼者。

二、产业互联网发展的路径

任何一种新兴事物的发展都要掌握正确的路径与节奏，中国消费互联网的发展沿循的是“门户网站—游戏—O2O”的发展路径，产业互联网也要找到自己的发展路径。

（1）产业互联网的行业发展路径。从目前的情况看，服务业与农业可能会先于制造业接入产业互联网。因为相较于制造业来说，农业与养殖业的生产流程相对简单，传感器与无人机的应用环境比较单纯，区块链、人工智能、大数据的应用比较容易。目前，在服务业领域，国内一些比较成熟的电子商务平台已经开始对传统线下零售行业进行改造，互联网金融创新也开始从零售金融转向供应链金融，尝试为传统金融机构赋能。

（2）产业互联网的发展逻辑。供给推动还是需求拉动。这里要强调需求拉动的重要性。虽然技术水平、产业基础会对产业互联网的发展形成一定的制约，但我国的消费互联网并没有建立在高技术水平和完善的基础设施之上。以电子商务为例，在日本、美国等国家，在电商发展之前就已经建立起比较完善的物流体系与信用卡体系；但在中国，却是电商发展带动支付体系与物流体系发展。这是因为中国传统零售行业存在很多痛点，消费者需求得不到充分满足，为电商发展提供了良好的市场环境，促使电商快速崛起。电商的发展反作用于支付与物流体系建设，带动这两大基础设施行业快速发展。

由此及彼，对于中国的产业互联网来说，来自需求方的市场拉动也非常重要。因为市场发展空间广阔，行业痛点众多，所以企业选择一个合适的领域进入市场，可以很快获得大规模用户、源源不断的现金流和丰厚的利润回报，进而激发更大的研发热情。从这个角度看，产业互联网发展要沿用消费互联网的发展逻辑，以商业应用见长，而不是技术领先。

（3）“自下而上”的发展逻辑。中国消费互联网的发展遵循的是自下而上的发展路径，即技术创新与产业发展源于企业推动。在消费互联网发展过程中，民营企业占据着主导地位，政府并没有过多干预，产业互联网的发展应该遵循这种逻辑。虽然初期有可能出现市场混乱等情况，但这种现象是暂时的，只要市场机制和产品价格没有失常，经过一段时间的发展就会形成比较完善的市场秩序，表现出更大的发展潜力。

模块化思维的应用

现阶段，产业互联网建设的主流路径有两条：一是传统企业互联网化，积极采用新技术、新方法，将成功的技术与经验推广到整个行业，这类企业以通用电气为代表；二是互联网企业产业化，即将互联网领域衍生出来的技术、经验、方法用于具体的行业，这类企业以谷歌为代表。

从实践结果看，这两条路径各有优势与不足。传统企业互联网化的优势在于，企业在行业深耕多年，积累了丰富的资源与经验，对行业了解透彻，开发出来的平台与产品更符合行业需求；不足在于各个行业之间存在较大差距，一个行业的成功模式很难复制到另一个行业，导致产业互联网建设无法呈现规模效应，投资者的盈利无法保证。

互联网企业产业化的优势在于可以在短时间内整合很多行业，实现跨行业协调，不足在于因为对传统行业不熟悉，无法将成熟的技术、经验推广到产业内部，无法切实提高产业效率。面对这种情况，有人提出一个产业互联网建设的新方案——“模块化”。

“模块化”是工程设计领域的一个专业词汇。1997年，哈佛大学商学院的卡丽斯·鲍德温（Carliss Baldwin）和金·克拉克（Kim Clark）教授将“模块化”引入管理学界，并为此在《哈佛商业评论》上发表了一篇论文——《模块化时代的管理》。

在这篇论文中，鲍德温和克拉克对“模块化”进行了定义，认为“模块化”就是对复杂系统进行拆解，将其打造成一个个相对简单、拥有独立功能、可以独立运作的子系统的过程。这里所说的复杂系统又称为“模块化系统”，可以是一个产品，也可以是一个过程。经过“模块化”处理，“模块化系统”可以分解成很多小部分，这些小部分就是“模块”。这些“模块”都是独立设计的，可以通过某些规则建立联系形成一个完整的系统，发挥整体功能。

相较于整体化的设计，“模块化”拥有很多优势：第一，可以对各个模块进行独立设计，最大程度地减少信息需求；第二，可以为企业的创新活动提供充足的空间，最大程度促进创新活动的开展；第三，可以切实提升系统的应变能力，更好地满足市场变化需求。综上，对于产业互联网建设来说，“模块化”是一条不错的发展路径。

在“模块化”发展路径下，因为传统企业拥有更多“局部知识”，所以更适合担任“模块设计者”，即凭借自己在行业深耕多年积累的经验，探索行业规则与商业模式；互联网企业拥有的“局部知识”比较少，不适合介入产业，可以立足于自己独有的优势发挥以下三大作用，如图5–1所示。

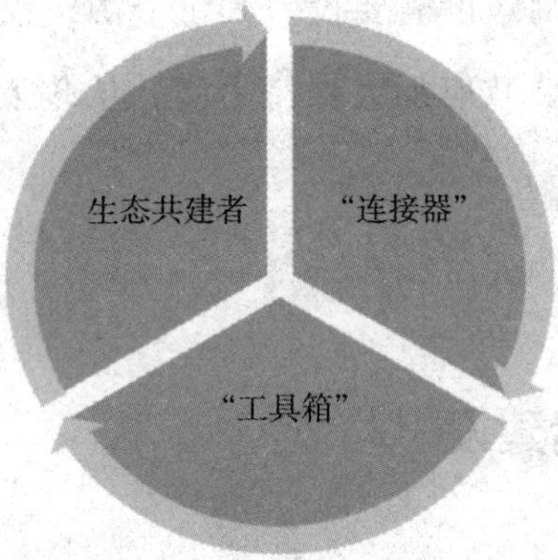

图 5–1 “模块化”发展路径下互联网企业的三大作用

（1）“连接器”。互联网企业可以发挥“连接器”的作用，为传统企业接入互联网提供数字接口。消费互联网以人为中心，致力于将人、物、服务连接在一起；产业互联网以企业为中心，连接的范围更广、数量更多，包括机器设备、物资材料等，行业应用广泛，涉及流程再造等诸多复杂问题。

（2）“工具箱”。互联网企业可以发挥“工具箱”的作用，为传统企业的数字化转型提供数字工具。例如，腾讯可以为传统企业提供七大数字工具，分别是云计算、大数据、人工智能、安全能力、移动支付、社交广告、企业微信以及公众号。传统企业可以利用这些工具打造出全新的竞争力，提高在数字化转型过程中的生存能力。

（3）生态共建者。互联网企业可以作为生态共建者，与传统企业一起建设数字生态共同体。产业互联网创建了一个互相依存、开放合作的世界，在这个世界中，企业之间不再有行业、地域之分，开始互联互通。在产业互联网的作用下，行业跨界地带衍生出更多创新空间，形成了一个数字生态共同体。

此外，产业互联网建设需要投入大量资源，仅凭企业投入很难在短时间内看到效果，需要政府加大扶持力度，从政策与资金层面提供双向支持。

产业互联网的平台建设

随着传统的销售方式、贸易方式暴露越来越多的问题，对接行业中其他服务的难度越来越大，越来越多的传统企业开始尝试变革，谋求转型发展。

从深层次来看，驱动传统产业转型发展的原因有两点：第一，现阶段，所有行业都在寻求改变，所有企业都希望不断获得新的利益增长点；第二，在互联网环境下，信息不对称现象逐渐消失，新一代企业经营人逐渐入局，信息掌握方式发生了极大的改变，而且随着“90后”“95后”逐渐进入职场，企业的人力结构也发生了较大改变。

在传统企业变革的当下，在产业互联网平台的建设过程中，传统企业人与互联网人同时存在于各个工作场景中，彼此之间互不理解，无法有效沟通，传统企业人认为互联网人不专业，互联网人认为传统企业人的思想观念已经过时。如果将这两类人放在同一个团队，势必会产生很多矛盾，导致项目无法正常推进。

那么，在产业互联网平台建设过程中，这一问题要如何解决呢？具体可以采取三大措施，如图5–2所示。

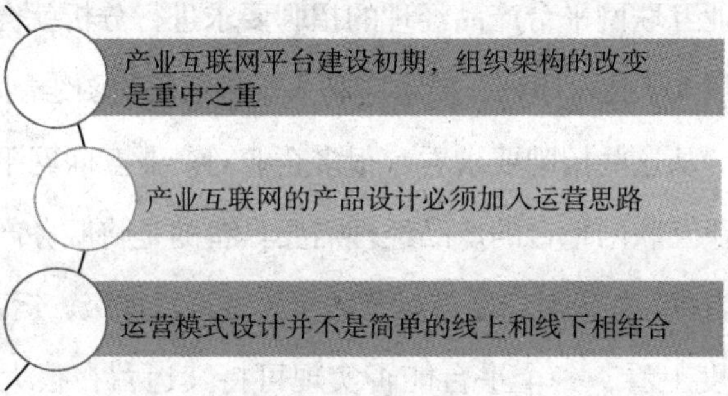

图 5–2 产业互联网平台建设的三大措施

一、产业互联网平台建设初期，组织架构的改变是重中之重

现阶段，积极筹划搭建产业互联网平台的企业大多是资源型企业，所掌握的资源可以串联产业链，对产业链上的服务、资源进行整合。但在具体实践过程中，企业拥有很多优质的方案和资源却迟迟无法落地，就是因为组织中的人出现了问题。

企业不改变组织结构，就无法改变工作方式与风格。以客户服务为例，传统企业的客户服务就是接听电话，按照事先掌握的话术回答问题，或者将问题记录下来递交给相应的业务部门去解决，客服人员不在乎客户的去留。在产业互联网环境下，企业想要改变这种客户服务方式，必须改变客服部门的结构，重新拟定客服职责与绩效考核指标，将与用户有关的所有问题交给客服部门解决，将客户服务转变为用户运营，切实改变客服人员的思维模式与服务方式，培养他们的用户思维。

这种改变需要企业管理者改变管理思维与模式。虽然产业互联网服务的是企业，但企业是由人构成的，管理方式方法的迭代与落地需要人去实现。如果企业不转变观念，改变组织形态，就无法推动企业转型升级。

二、产业互联网的产品设计必须加入运营思路

如果对产业互联网平台产品经理的招聘要求进行分析就会发现，很多企业将产品经理归入了技术序列，要求应聘人员精通流程图绘制、原型图绘制，了解开发语言。从这些招聘要求看，很多企业对产业互联网平台的产品缺乏深入了解。产业互联网平台的产品经理需要具备的是将服务产品与运营模式结合在一起的能力。如果对产品与运营的重要性进行评级，运营工作更重要。

从某种程度上看，一个平台能否实现可持续运营在很大程度上取决于运营质量的好坏，但这并不表示产品不重要，产品质量会直接影响运营的难易程度。但目前，大部分产业互联网平台的产品经理只注重产品与系统设计，不考虑运营模式。很多产品经理先设计系统，再对运营人员进行培训，导致运营效果不佳。其实正确的流程应该是先确定运营模式，然后打通整个业务流程，最后设计系统，并加入互联网等工具。

为了保证产业互联网平台在设计之初就具备运营思维，产品经理必须注重对业务的理解，挖掘痛点难点，明确运营模式，将运营指标纳入考核体系。

三、运营模式设计并不是简单的线上和线下相结合

产业互联网平台的运营模式不能由某一个部门单独决定，应该由产品部门、人力部门共同设计。虽然产业互联网不是一个新概念、新事物，但经过几年发展始终没能取得令人瞩目的成绩，真正成功的企业凤毛麟角，即便有些企业开始实现了爆发式增长，但在发展过程中遇到了各种难以解决的问题，后劲不足，最终只能宣告失败。

产业互联网发展的方向没错，只是需要产业人与互联网人吸取教训、总结经验，用科学的方式方法同时做好产品与运营，做好团队培训与激励，在落地过程中不断迭代，探索一种成功的模式。

制定产业互联网国家战略

网络信息技术不断发展，对经济社会表现出明显的融合引领作用，引起了世界各国的高度关注。越来越多的国家开始布局产业互联网，将产业互联网作为抢滩未来的关键点。在此形势下，我国要紧抓数字化、网络化、智能化融合发展的契机，加快制定实施国家级的产业互联网发展战略，赋能实体经济，推动实体经济高质量发展，具体来说要做到以下五点，如图5-3所示。

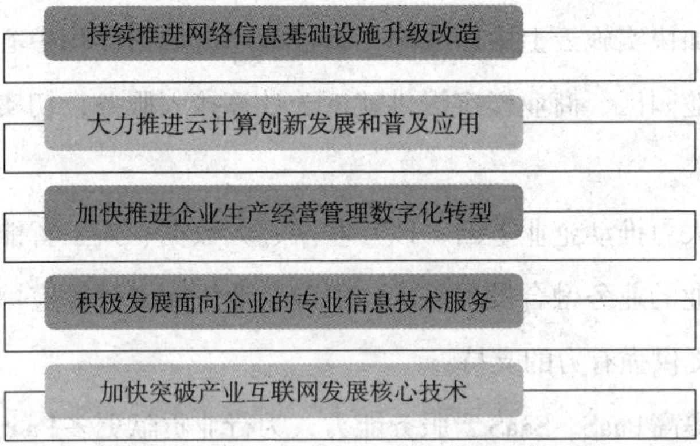

图 5-3　制定产业互联网国家战略的五大举措

一、持续推进网络信息基础设施升级改造

产业互联网发展离不开网络信息基础设施建设，先进的网络信息基础设施可以有效培育新的产业形态。

第一，先进的网络信息基础设施可以带动产业园区及商业楼宇的宽带升级，提高网络传播速度与质量，为企业的创新活动提供可靠的网络环境。

第二，先进的网络信息基础设施可以降低企业的宽带成本，打破企业接入宽带的体制机制限制，满足中小企业对宽带的需求。

第三，先进的网络信息基础设施可以加快5G、物联网、IPv6等下一代网络基础设施部署，对云计算、大数据、人工智能等通用的基础设施建设产生积极的推动作用，为企业创新业务模式提供强有力的支持。

二、大力推进云计算创新发展和普及应用

在数字经济时代，云计算属于最基础的信息服务，可以有效推动实体经济数字化转型进程。为此，产业互联网建设必须大力推进云计算创新发展与应用，具体来说要做到以下四点。

第一，加快实施云上中国战略，积极筹建区域云计算中心，优化区域布局，为产业园区、商业楼宇提供就近云计算接入服务，切实满足企业数字化转型需求。

第二，大力推动企业上云，以互联网、大数据、人工智能等技术为依托，结合企业的业务融合发展需求，引导企业深化云计算应用，为企业的数字化转型提供强有力的支持。

第三，提高PaaS、SaaS云服务能力，为行业贡献更多PaaS、SaaS解决方案，为产业互联网的发展提供强有力的支持。

第四，规范云服务市场，提高企业的云迁移能力，创建优胜劣汰机制，促使行业服务能力持续提升。

三、加快推进企业生产经营管理数字化转型

企业数字化转型要秉持思维创新理念，通过模式创新、网络技术深度融合应用来实现，同时要不断创造新理念、新方式、新路径来加快转型进程。

第一，借“互联网+”、大数据、人工智能等国家战略落地的契机，加

快推广企业数字化转型的新理念、新思路、新方法，通过理念创新加速企业的数字化转型。

第二，通过商业模式创新推进业务流程的数字化改造，提高信息技术对商业模式创新的支撑能力。

第三，推动网络信息技术在企业生产经营的各个环节实现深度应用，提高企业的各项能力，例如对外连接能力、深度洞察能力、智能运行能力等。

四、积极发展面向企业的专业信息技术服务

产业互联网能否深入发展在很大程度上取决于专业信息技术服务水平的高低，强大的行业专业信息技术服务供给能力可以为产业互联网的发展提供强有力的保障。积极发展面向企业的专业信息技术服务需要做到以下三点。

第一，探索行业数字化转型解决方案服务，培育覆盖行业全链条的信息服务企业，为企业提供数字化转型方案设计、系统集成、测试评估、托管运维等服务。

第二，开发专业软件信息服务，培育行业软件信息服务企业，为企业提供研发设计、系统控制、测试验证、数据挖掘等专业的软件服务，提高技术工艺数字化封装能力。

第三，开发行业信息技术咨询服务，用新理念、新思维、新路径、新方案推动企业的数字化转型。

五、加快突破产业互联网发展核心技术

对于产业互联网发展竞争力的高低，有一项非常重要的指标，就是是否在核心技术方面取得了重大突破。企业想要发展产业互联网，必须牢牢

掌握核心技术，为此必须做到以下三点。

第一，补齐行业专业软件技术短板，创新行业专业软件发展模式，将行业企业与信息服务企业的优势充分发挥出来，推动联合攻关，实现大规模商用。

第二，发展产业大数据采集服务，培育专业的大数据服务企业，集中资源研发大数据采集工具、大数据分析模型与大数据挖掘软件等产品与工具，使行业数据洞察能力得以持续提升。

第三，面向行业的具体应用场景研发人工智能技术，推动人工智能与行业应用深度融合。对于实体经济来说，发展产业互联网是其转变发展模式，实现高质量发展的重要路径。为此，企业与行业要紧抓产业互联网发展机遇，加快推进国家级产业互联网发展战略落地，推动互联网、大数据、人工智能全面赋能实体经济，整合资源大力发展农业物联网、工业互联网、电子商务等，深化大数据的创新应用，通过模式创新、智能运行、深度洞察推动行业转型升级，为实体经济可持续、高质量发展提供强有力的支持。

第6章
推进新基建与产业互联网融合发展

新基建VS产业互联网

新基建既需要补短板，又需要具有前瞻性，其核心在于要增强对数据的存储、传输和计算能力。从补短板方面看，数字经济的发展需要高质量的网络，而目前的网络速度会限制一些新业态发展，使数字经济的发展受阻，因此需要补短板。新冠肺炎疫情虽然给我国造成了极大的损失，但同时也促进了全社会的“生产生活数字化大培训”，如果能够推进新型基础设施建设，就能催生更多市场需求，从而带动经济发展，因此，新基建需要具备前瞻性。通过产业互联网，我们既要看到我国在数字经济方面的不足，又要看到数字经济的未来。未来，新基建与产业互联网的深度融合和协同发展必定可以繁荣我国的数字经济生态。

一、新基建：产业互联网发展的基础条件

在信息网络方面，产业互联网比消费互联网的要求更为苛刻，例如，产业互联网对网络的高精度、低延迟、互操作性、安全性、低功耗等方面的要求比消费互联网高很多。

以制造业为例，制造业要实现产业互联网，首先要将互联网接入整个生产环节，让智能设备感知到生产线的每一个细微参数（物联网）；其次要建立庞大的数据库，用来存储万物互联产生的海量数据（数据中心）；再次要借助安全、高速、低时延的网络（5G网络）来传输数据；最后要对生产过程的各个环节进行智能化控制（人工智能）。除要应用数据采集、存储、传输、控制等技术外，还需要强大的算力（云计算）作支撑。由此可见，新基建是产业互联网发展的基础，没有新基建，产业互联网的深度应用就是天方夜谭。

产业互联网发展需要新基建作支撑，但只有新基建还不够。新基建只能为产业互联网的发展提供基础的技术支撑，产业互联网的深度应用场景还需要广大企业共同探索、不断挖掘。这就像高速公路能为智能汽车提供畅通的出行条件，但并不能保证每家企业都能生产出智能汽车。总之，新基建对产业互联网的发展无法起到万能的作用，但产业互联网的发展没有新基建却是万万不能的。

近几年，我国消费互联网快速发展，在国际上处于领先水平。但是，我国的产业互联网起步较晚，远远落后于发达国家。例如，2017年，美国实现云链接的制造业企业占总企业数的80%，而我国实现云链接的制造业企业只占总企业数的30%。这种差距反映出一些问题，例如，我国的产业互联网尚处于起步阶段；产业的数字化水平、信息标准化水平比较低；信息平台的场景化应用不够；新型基础设施建设较为滞后；对数据的采集、传输、存储、应用的能力尚不足；等等。

新冠肺炎疫情在一定程度上推动了产业互联网的发展。在疫情防控期间，一些新模式、新业态得到了迅猛发展，例如远程办公、在线教育、智慧零售、健康码等。在疫情防控模式下，这些新模式、新业态增强了经济发展的弹性和韧性，在经济恢复过程中发挥了不可替代的作用。此次疫情让人们重新认识到了产业互联网的发展潜力，认识到了我国对新基建的巨大需求。因此，加速新基建落地，推动产业互联网快速发展，对促进我国数字经济的增长十分必要。

产业互联网的纵深发展离不开新基建，主要原因有以下几点：一是新基建可以加快产业向数字化转型，培育出更多的新模式、新业态；二是新基建可以打造数字化的企业、产业链，提升企业、产业链的现代化水平，塑造数字化生态；三是新基建可以通过数据流引领物质流、人才流、技术流、资金流。相应地，新基建的推进也离不开产业互联网。作为新基建的需求源头，产业互联网能够对新基建起到反哺作用。具体来说就是，产业互联网能够引导新基建的建设方向，明确新基建的重点建设领域，做到有的放矢，增强新基建的乘数效应和外部效应。

二、产业互联网：新基建顺利推进的强力支撑

在传统基建中，政府扮演的是主导者和投资方，但在新基建中，政府扮演的角色会有所变化，会更多地作为投资动员方，重要的投资则由企业承担。近两年，我国的公共预算收支比较紧张；受房地产调控影响，政府性基金收入增长缓慢；各级财政会在一定程度上受到国有企业投资回报率的影响，一旦投资回报率过低，各级财政必然会面临较大压力。

2020年，中国移动、中国电信、中国联通和中国铁塔在5G网络上的投资预算合计达到了1973亿元，而这四家公司在2019年的利润之和为1436亿元，也就是说，四家公司在2020年的投资总额已经远远超出它们在2019年的利润总额。这一信息表明，电信运营商已经把产业互联网看作新

基建应用主阵地，因此他们才会在手机用户潜在市场增长空间有限的情况下纷纷布局产业互联网。产业互联网可以有效支撑新基建顺利推进，保证新基建的投资回报率。产业互联网以新基建为基础，不仅能展现出满满的活力，还能展现出广阔的市场空间，在助力传统产业提高发展质量与运营效率方面将发挥越来越重要的作用。

新基建与产业互联网的融合

一、新基建与产业互联网的融合发展对策

要推动新基建健康发展，就要避免在传统基建过程中遇到的各种问题，例如过剩、低效和脱节等。其中，过剩问题可能是由需求不足所致，低效问题可能是由市场主体参与不足所致，脱节问题可能是由基础设施建设与产业发展不匹配所致。推动新基建与产业互联网深度融合，促使两者实现互动式发展是避免这些问题的有效途径，具体来说要做到以下四点，如图6-1所示。

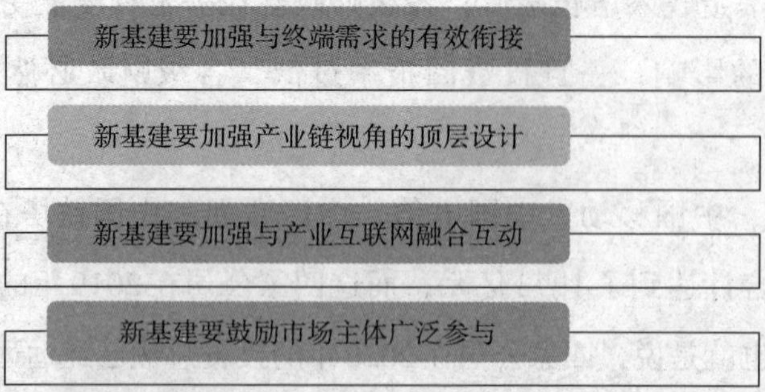

图 6-1　新基建与产业互联网融合发展的四大策略

（1）新基建要加强与终端需求的有效衔接。新基建拥有巨大的市场需求，释放这种需求的关键在于发展上下游的产业化应用。新基建要具有前瞻性，也要与终端需求保持有效衔接。因此，在创造和释放新基建市场需求的过程中，我们要积极推动制造业和服务业向数字化方向转型，促使信息设备实现标准化，努力构建产业互联网的应用生态；要根据市场需求建设数据中心，严防数据中心过剩导致资源浪费的情况发生。否则，无论基础设施建设的工程多么宏大，投资多么庞大，都会变成无源之水、无本之木。

（2）新基建要加强产业链视角的顶层设计。要强化新基建的产业化应用，就需要站在产业链的角度推进顶层设计，例如促进数据交换、数据接口、开放模式、数据安全等规范化、标准化。在此基础上还要做好以下工作：一是推动企业各业务流程向数字化转型，包括研发设计、生产加工、经营管理、销售服务等的数字化转型；二是建立产业链上下游数据通道，连接各企业之间的数据，形成数字化的产业链；三是打通生产过程与金融、物流、交易市场等的连接渠道，确保全渠道供需精准对接，为新基建创造产业链应用生态。

（3）新基建要加强与产业互联网融合互动。目前，新基建与产业互联网已经进入互相融合阶段，以数据中心建设为例，我国数据中心建设不再由政府一手操办，许多企业开始加入数据中心建设队伍，例如腾讯云在江苏、扬州、仪征等地建设超过30万台规模的数据中心。越来越多的头部企业参与到新基建中，成为新基建的投资主体。将新基建与产业互联网进行深度融合，加强两者的互动发展，一方面能够实现新基建与市场需求的精准对接，另一方面能够拓展产业互联网应用的空间和深度。

（4）新基建要鼓励市场主体广泛参与。传统基建的融资渠道比较单一，主要由政府作为投资方。一些地方政府在利用平台公司举债的过程中，往往会导致地方隐性债务不断积累。新基建的推进需要借助PPP模式（Public-Private-Partnership，公共私营合作制），推动政府资本与社会资本合作，吸纳不同市场主体深度参与。这既有利于新基建与市场需求精准有效对接，又有利于我国新基建提高技术水平和国际竞争力。新基建与传统基建在技术能力上存在较大区别，其建设和发展的核心在于技术创新，因此，鼓励前沿科技企业等市场主体参与非常重要。

在未来的一段时间内，产业互联网应用将加速推进，相关的投资也会不断增长，工业制造的各个环节将被重构，服务过程也将持续优化。推动新基建与产业互联网深度融合，促使两者之间形成互动式发展，打造完整的产业互联网生态，这些工作的落地将吸引越来越多的企业参与。

二、企业如何把握这一新契机

我国在逐步推进新基建的过程中，也迎来了产业互联网深度应用的新契机。许多产业互联网应用逐渐进入爆发期，例如工业专网、网络切片、生产控制、智能决策等正在成为新一轮应用的典范。面对产业互联网深度应用的新契机，企业应该采取什么行动呢？如图6–2所示。

（1）企业应该全面推动自身的数字化转型，利用新型基础设施，实现产业互联网服务的信息化升级。目前，信息型产业互联网大多只能提供通用性的IT服务，但由于需求量很大，覆盖面积很广，所以市场空间依然广阔，市场潜力仍然很大。想要推动信息型产业互联网进一步发展，必须在降低服务成本的同时提高服务的安全性，必要时还可以针对安全问题给予企业高额补偿，打消它们入驻云端的顾虑。

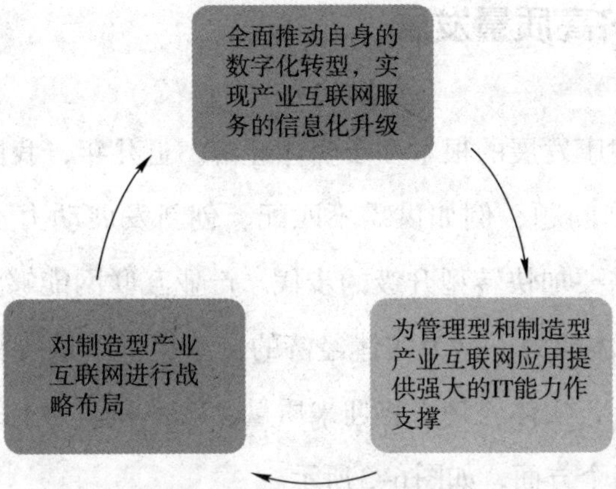

图 6–2　企业紧抓产业互联网应用契机的三大措施

（2）企业要为管理型和制造型产业互联网应用提供强大的IT能力作支撑。对于产业互联网来说，垂直平台非常重要，一般来说，垂直平台都有较强的专业性，很难被消费互联网巨头全面取代。互联网巨头拥有极为强大的IT软硬件实力，可以借助这种优势支撑垂直平台正常运行，打造“平台的平台”。一些行业垂直平台的应用范围较窄，没有建设IT设施的实力，很难形成规模化效应，可以选择与互联网巨头合作，获得相应的支持。

（3）企业需要对制造型产业互联网进行战略布局。例如投资打造制造型产业互联网平台等。如果企业无法从业务层面切入这一领域，可以通过投资来切入。不少行业平台在创业初期往往不够成熟，很难在短时间内确定自己的商业模式，需要资本支持。而互联网巨头拥有雄厚的资金实力，能够轻松识别创业企业，在中小型企业举步维艰的时候应该抓住机会，投入资金，支持创业企业在产业互联网应用方面的探索，谋求未来发展。

推动实体经济高质量发展

经济平稳健康发展的根本在于实体经济。近几年，我国实体经济的发展面临着一系列问题，例如供需不匹配、创新发展动力不足、成本持续上涨等，迫切需要加快转型升级的步伐。产业互联网能够为信息技术“赋能”，提高其整体能力，这为实体经济的变革提供了重要契机。随着产业互联网不断发展，实体经济必将迎来质量、效率和动力上的重大变革，具体表现在以下四个方面，如图6–3所示。

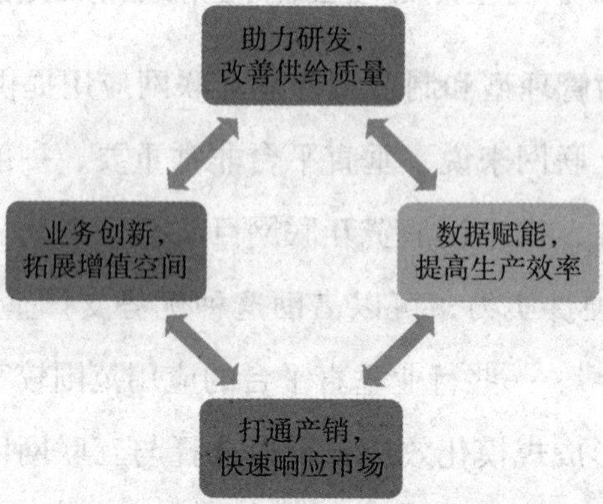

图 6–3　实体经济变革的四大方面

一、助力研发，改善供给质量

通过创新可以提高全要素生产率，因此创新是经济增长的根本动力。传统研发活动具有以下缺点：一是人力投入多；二是资金消耗大；三是研发周期长。人工智能技术可以通过对科研数据的深度分析改变科研方式。传统的科学研究依赖于实验科学、理论科学和计算科学，人工智能参与的科学研究将进入数据密集型科学阶段。这种研究方式的改变可以显著减少研发活动的人力投入和资金消耗，并能极大地缩短研发周期。在人工智能的支持下，科学研究的进程将不断加快，科技成果将趋于工程化、产业化，不仅可以加快新产品的上市速度，而且可以提供更多符合市场需要的产品。随着产业互联网不断发展，传统产业将迎来巨大变革，新一代信息技术也能得到更广泛的应用。这就意味着新一代信息技术能够向产业化方向发展，与之相关的产业也能获得高速成长。总而言之，产业互联网的发展能帮助我国更好地发挥市场优势，带来更多市场机遇。

二、数据赋能，提高生产效率

近几年，随着劳动力成本、土地成本不断攀升，我国实体经济发展面临的压力越来越大。在产业互联网发展背景下，充分发挥自动化设备、智能化系统的作用，一方面可以降低生产成本、节约人力资源、减少企业的工资支出，另一方面可以优化生产工艺、降低原材料消耗、提升产品和服务的质量、改善生产效率。随着制造业在质检环节对人工智能图像识别技术的普及和应用，企业产品检测速度和效率有了显著提高。与此同时，农业、制造业也可以利用人工智能技术不断优化生产参数，使产品质量和产量得到显著提高。

三、打通产销，快速响应市场

传统市场之所以存在供给与需求不协调的情况，主要是因为供需双方存在严重的信息不对称现象。如果供给方不能掌握市场的变化趋势，不能了解市场的实际需求，就很可能错误地匹配供给与需求，使企业产生库存积压，导致行业出现产能过剩。想要改变这一状况，必须打破消费互联网与实体经济之间的隔膜，让实体部门与用户建立直接联系，让实体企业更精准地掌握市场变化，更好地设计和研发符合消费者需求的产品，同时还要以“数字孪生”、智能制造为基础构建高度柔性的生产系统，实现低成本、大规模定制，甚至按需定制。移动互联网、物联网等技术是当前和未来行业发展首选的通信技术，利用这些技术打通供应链上下游，可以提高多方面的效益：首先，可以降低企业库存，让企业实现按需生产；其次，可以提高供应链的响应速度，促使资源实现合理配置；再次，可以协助追溯产品的全生命周期，解决供需信息不对称问题；最后，可以提升产品和服务质量，提高企业整体运作效率和收益。

四、业务创新，拓展增值空间

将新一代信息技术与传统产业进行深度融合，可以带动各行各业创新，例如产品创新、商业模式创新、业态创新等。这些方面的创新可以提高产品和服务的质量，提高其消费吸引力和市场竞争力，催生新的市场需求。在新一代信息技术的支撑下，制造企业可以统一整合自己的产品和服务，开展各种服务型制造活动，例如在线监测、个性化定制、信息增值服务、全生命周期管理、系统解决方案等。这样不仅可以大幅增加用户黏性，还能改变企业的收入结构，促进企业收入和利润增长。传统的产品销售通常只能获得一次性收入，而通过开展服务型制造活动，企业可以获得持续的服务收入，扩大利润空间。例如，未来的智能网联汽车可能不仅是一个交通工具，还可能成为一个移动的办公空间或娱乐场所，以智能网联汽车为载体，可以催生出一系列新服务。

作为全球最大的新兴经济体，无论是在技术层面、市场层面，还是在供给端、需求端，我国都具备发展产业互联网的良好基础。不仅如此，在我国，产业互联网还拥有极为广阔的发展空间。借助庞大的内需，产业互联网可以催生出万亿美元级别的市场，将进一步拉动我国经济增长。

在供给端，我国拥有雄厚的技术和能力储备，并且这些技术和能力都得到了信息技术的进一步赋能。目前，我国数字经济市场规模位居世界第二。在消费互联网发展中，我国孕育了一批世界级的平台企业；在数字经济领域，我国的创新、创造和创业等活动十分活跃；在细分行业，我国拥有一大批领军企业；在人工智能领域，我国的技术水平、企业数量、产业规模都位于世界前列。与此同时，我国还拥有一批行业领先的实体经济企业，这些企业通过大力推动数字化转型，为产业发展积累了丰富的经验，不仅可以利用信息赋能技术，还能通过平台、软件包、解决方案等实现信息技术的开放共享。在消费互联网发展壮大的过程中，特别是电商、社交、搜索等发展壮大的过程中，信息科技企业利用云端技术积累了大量数据，这些数据资源可以帮助产业互联网实现进一步发展。

在需求侧，我国拥有巨大的市场需求，可以为发展产业互联网提供内在推动力。近年来，我国居民收入和消费水平都有明显提高，消费者对产品质量提出了更高的要求。我国消费正在不断升级，市场的对外开放力度在不断加大，同时，我国企业还要面对竞争优势转化的压力。在这种情况下，利用新一代信息技术进行改造升级成为实体企业最迫切的需求。我国是制造业第一大国，也是世界第二大经济体，在发展产业互联网方面具有以下优势：一是实体经济规模大；二是产业门类齐全；三是产业发展层次多样。庞大的实体经济可以为产业互联网的发展提供广阔的市场，丰富的应用场景可以促进产业互联网更好地成长。

总而言之，推动产业互联网发展需要多方面共同努力，第一，要从根本上发挥市场机制的作用；第二，要积极激发互联网企业、实体经济企业等不同市场主体的活力；第三，要充分发挥政府的作用，为产业互联网的发展创造良好的政策条件。在推动产业互联网发展的过程中，政府可以在很多方面发挥积极作用，包括推动信息网络等新型基础设施建设、产业共性技术研发、实体企业的数字化改造、行业信息化标准建设、数据开放和数据保护等。

腾讯的产业互联网战略

如果说新基建是连接用户的底层建筑，那么产业互联网就是连接用户的上层应用。作为上层应用，产业互联网可以对作为底层建筑的新基建进行反哺。在产业互联网的作用下，新基建能够与用户端进行更好的衔接，避免盲目投入建设。在推进新基建的过程中，既需要强调市场机制的作用，也需要强调民营经济的作用，要鼓励互联网科技企业积极参与到新型基础设施建设中来，加快传统基础设施升级改造，加大数字基础设施创新力度，做好关键核心技术攻关。在这个过程中，要着重发挥产业互联网的五大核心能力，如图6–4所示。

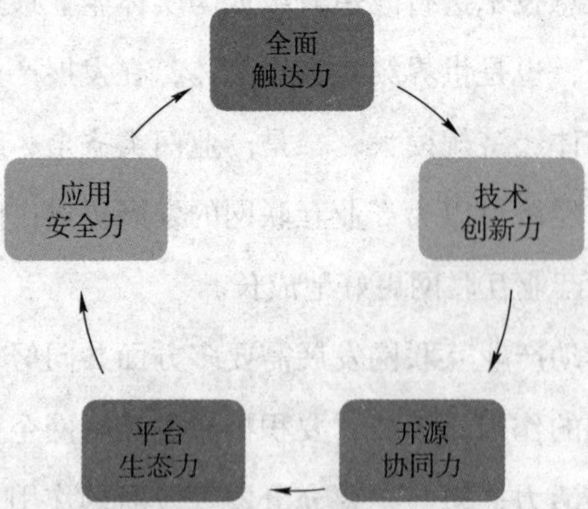

图 6–4　产业互联网的五大核心能力

一、全面触达力

充分利用各种便利接口快速解决偏远地区“最后一公里”联网问题，同时要积极推动新基建落地，保障多要素、端到端的联通。在新冠肺炎疫情期间，市场上涌现一批小程序、公众号、二维码等微接口，这些微接口可以通过较低的门槛实现海量用户的连接，对社会快速应急和恢复产生了巨大的价值。

各大企业推出的疫情地图、同行查询、健康码等小程序在公共服务领域发挥了巨大价值，既有效保障了居民的出行安全，又有效保障了城市治理安全。同时，线上零售、外卖等生活服务类平台在商业服务领域也发挥了关键作用，既保障了居民的日常生活必需，又保障了商家的基本经营。

由此可见，产业互联网的全面触达力可以通过这些微接口将新基建对个人和社会的普惠价值最大程度地发挥出来。

二、技术创新力

企业一方面要注重数字技术的高效研发，另一方面要注重数字技术的迭代能力，携带这两方面的能力积极参与到新基建的数字核心建设中来，对各个行业自主创新产生强有力的支持。在消费物联网发展过程中，我国互联网行业积累了大量的信息技术资源和能力，例如云计算、大数据、人工智能等。在新冠肺炎疫情期间，这些技术资源和能力为许多行业提供了有力支撑，包括数字化抗疫、复工复产等方面。举例来说：

> 在新冠病毒药物研发方面，中山大学、清华大学等大学的研发机构利用腾讯云的海量算力和智能算法大大缩短了药物研发周期；在教育方面，各地教育机构利用腾讯云提供的教育资源搭建出高质量的在

线学习平台，帮助广大学生响应“停课不停学”的号召在线学习；在复工复产方面，各个企业通过腾讯会议等创新应用提前恢复了工作和生产。

在这个过程中，互联网平台发挥了突出作用，其大规模技术和资源调配能力是建设弹性新型基础设施的重要保障。疫情期间，召开线上会议的用户激增，为了满足用户需求，腾讯会议在短短8天时间内紧急扩容了超过10万台主机。如果利用传统基建或传统公共服务模式，这一点很难做到。

不难看出，在全民战“疫”形势下，传统行业和互联网有了深度融合的机会。在此阶段，如果行业企业可以有效利用互联网技术进行创新变革，就可以率先恢复经营，获得“疫后重生”。

三、开源协同力

开源合作可以促使新基建获得最大化的公共价值。开源合作之所以有利于新基建的发展，是因为开放性可以充分激发全社会的创新迭代能力，可以让技术成果快速落地，成为社会共享的基础设施。

对于开源生态，腾讯公司不仅是坚定的拥护者，也是积极的建设者。经过多年积累，腾讯在连接、计算、交互等方面拥有了突出能力。一直以来，腾讯都对这些能力持开放态度，积极投身于开源社区建设，并为新基建生态共建提供了大力支持。另外，腾讯在云操作系统、企业级容器等核心技术方面也实现了开源共享，极大地降低了各个行业打造数字化助手的成本，有效满足了行业碎片化与定制化需求。

四、平台生态力

在平台生态运营方面，互联网拥有比较成熟的能力，不仅可以将新型基础设施建设带入丰富的生态系统，还能放大它对生态经济的拉动作用。新基建与传统基建不同，不再是单一的物理基础设施建设，也不再具有固定不动的特性，而是一种复杂的软硬件相结合的数字化系统。要让这样一种复杂的系统发挥作用，需要技术、应用、产业等多方协作。新基建将以互联网和传统行业的融合为背景，创造出一幅全新的生态图景。

互联网可以为新基建生态引入众多开发者和合作伙伴，这些开发者和合作伙伴能够结合传统产业的研发力量，共同分享彼此的技术能力、业务逻辑和专业系统等，而且可以根据平台应用的创新需要共同建设和完善新型基础设施。总之，在互联网的作用下，新基建能够与平台、应用等有机结合起来，实现按需而建，最大化地发挥自身作用。

例如，腾讯通过与三一重工、富士康、商飞等制造业龙头企业合作共建工业互联网，形成新基建生态的整体联动。在这些龙头企业的带领下，一方面，各个领域的数字化开发者都可以参与到上层应用的研发中，另一方面，底层基础设施也能够与不同工业子平台的需求进行有效适配。

五、应用安全力

产业互联网能够协助新基建打造产业应用保障体系，使顶层应用安全和底层技术安全得到有效保障。在向数字化转型的过程中，各行各业都会存在一些全天候运行的网络应用和服务，这些将为新基建的安全与稳定带来全新的挑战。互联网拥有丰富的业务场景，可以结合顶层应用、底层云服务、周边组件等方面的安全需求，对操作系统、开源软件、产品周边等供应链上下游进行联动，共同应对攻击，做好安全防御，联合打造产业网络安全基础设施与服务。

腾讯安全面向泛金融、泛互联网、智慧零售等领域开放了三大平台，分别是灵鲲监管科技平台、天御星云风控平台、天御反欺诈系统，这些平台可以帮助企业解决新业务场景中的安全问题。同时，腾讯安全没有局限在被动防御的安全思维中，而是推出了安全专家服务平台，将安全思维上升到主动布局层面，能够为企业提供安全咨询服务，帮助企业安全度过数字化生命周期。

新基建的稳步推进为产业互联网的加速发展带来了新机遇。在产业上层推动数字化变革可以为底层的新基建注入源源不断的动力，从而实现上层对下层的“反哺”。社会各界要团结一致，共同推动中国经济的新旧动能转换，通过提升国家数字竞争力，实现数字经济的高质量发展，为不确定的未来增加确定性的砝码。

Part 3
"5G+"战略

第7章
“5G+”制造：引领工业互联网新时代

我国制造业的数字化转型

制造业的发展水平能够集中体现一个国家的总体竞争实力，在国家的工业化、现代化建设中占据着重要地位。自新中国成立以来，我国的制造业就保持快速发展状态，在世界市场上扮演着越来越重要的角色。现阶段，我国制造业正在转型升级，旨在由中国制造转变为中国创造，占据价值链的中高端，以服务型制造代替传统的生产型制造。为此，我国要加大在制造技术与制造模式方面的探索力度。

一、从制造大国向制造强国转型

从业态层面来分析，传统的生产型制造业采用制造与销售相结合的模式，为了适应经济全球化时代的要求，企业要向服务型方向发展，注重技术引进，并在管理与服务领域进行开拓，从价值链低端走向中高端，逐步提高我国在国际机械制造领域的地位，突出我国制造业的竞争优势。

现阶段，国内制造业不仅承担着艰巨的改革任务，还要应对国外制造业的冲击与挑战。与此同时，制造业所处的国内市场环境也呈现许多新特点。目前，在世界范围内，制造业原有的产业格局被打破，制造业成为世界各国竞争的焦点。为了在这场竞争中获胜，许多国家推出再工业化发展战略，旨在为制造业的发展提供全方位支持。在此期间，发达国家占据着价值链的高端，发展中国家则在中低端展开激烈的竞争，这些因素都给我国制造业发展带来了挑战。

近年来，许多国家加快制定并推出具有针对性的战略规划与政策文件，目的是推动信息技术在制造业的应用，促进传统制造业转型升级。举例来说，美国制定了《先进制造业伙伴计划》《制造业创新网络计划》，英国制定了《英国制造2050》，日本发布了《2014制造业白皮书》，德国发布了“工业4.0”计划，等等。为了推动我国制造业发展，2015年5月，我国发布了《中国制造2025》，开启制造强国之路，促进制造业改革创新，提高可持续发展能力，力求快速实现制造强国的发展目标。

现阶段，我国已经在信息技术、新能源、新材料等诸多行业的发展中取得了显著成绩，在全球范围内掀起新的革命热潮，打破了制造业原有的格局。随着大数据、云计算、互联网、物联网等先进技术手段在制造业广泛应用，该行业对原有生产方式、制造模式乃至产业形态进行了创新，促进行业发展向智能化、服务化方向转型升级。

目前，国内制造业正在实施新一轮的产业革命，通过信息化建设推动工业化发展。同时，市场上涌现出很多新兴制造技术，如3D打印技术、人工智能、虚拟现实技术等，有力促进制造业改革，使制造业技术体系更具竞争力。

二、我国制造业的数字化转型路径

制造业需要向数字化方向转型，这是其自身发展的现实需要。制造业在向数字化转型的过程中往往会遇到各种各样的问题，这些问题都应该交由市场解决。但是，制造业的数字化转型需要一个良好的环境，环境营造需要政府更好地发挥作用。具体来看，政府需要采取以下六大措施，如图 7–1 所示。

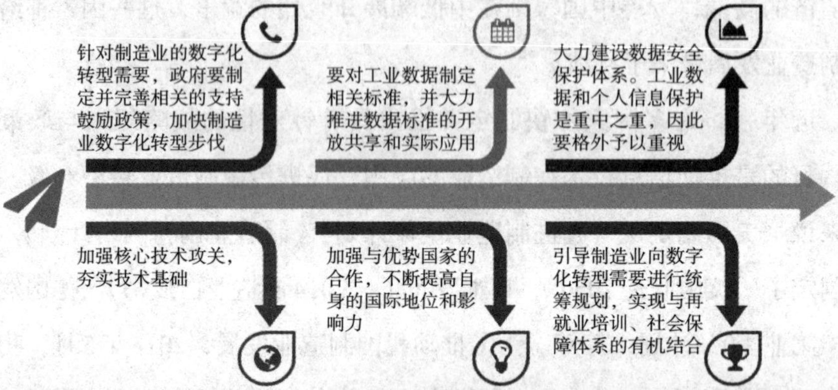

图 7–1　推动制造业数字化转型的六大举措

（1）针对制造业的数字化转型需要，政府要制定并完善相关的支持鼓励政策，加快制造业数字化转型步伐。政府在支持和鼓励企业进行数字化改造时可以采取的方式包括给予技术改造贷款贴息、搬迁补助、职工安置补助，加速折旧，投资产业引导基金等。政府可以通过为中小企业购买服务促进它们与服务平台合作，通过引导中小企业积极入驻“云端”提升它们的数字化水平。与此同时，政府也要积极建立试点，培育工业互联网平台，鼓励优势企业带头提高工业互联网应用水平。另外，政府还要大力支持和推广与数字化相关的新模式、新业态，例如网络化协同制造、服务型制造、大规模个性化定制等。

（2）要对工业数据制定相关标准，并大力推进数据标准的开放共享和实际应用。政府要引导企业制定工业数据的相关标准，例如行业标准、团体标准和企业标准等。政府也要经常梳理现有的国家标准，适时更新完善，例如将成熟的行业标准、团体标准升级为国家标准。工业数据标准体系要与认证认可体系、检验检测体系形成良好的衔接，因为加强这种衔接可以有效促进标准应用。另外，公共数据的开发共享也很重要，因此企业要加快相关数据的开放进程，让数据资源得到更高效的利用。社会数据的采集、存储和交易需要制度的规范与约束，政府要建立健全相关制度，推进数据有序、规范应用。

（3）大力建设数据安全保护体系。工业数据和个人信息保护是重中之重，因此要格外予以重视。在数据使用、流通过程中，数据的提供者和使用者要明确自己的责任与义务，确保数据安全。执法部门要加强对数据的安全检查和监督执法，提高对违法使用数据的惩罚力度，增强对数据违法者的威慑力；要严厉打击虚假信息诈骗、倒卖个人信息等违法犯罪行为，通过积极的引导和鼓励，提升工会、行业协会等社会组织的自律性。

（4）加强核心技术攻关，夯实技术基础。想要做到这一点，企业必须加大对技术研发的资助力度，例如对通信网络、人工智能、核心器件、基础软件等重点领域的技术研发投入大量资金。除外部资金援助之外，企业内部研发团队也要做好核心技术攻关，例如进一步提升底层操作系统、嵌入式芯片、人机交互、工业大数据、核心工业软件、工业传感器等核心技术的水平。在内外助力下，优势企业要不断增加科研项目的质量和数量，起到模范带头作用，同时要在完善政府采购制度的基础上加大采购力度，通过实际需求促进技术发展，支持和鼓励新技术、新产品进入市场。

要实现制造业的数字化转型，还需要加强信息基础设施建设，增强基础设施的支撑能力。要促进数字经济发展，就要具备一定的信息基础设施。实际上，数字经济的发展对信息基础设施的要求较高，目前我国现有的信息基础设施还无法达到这种要求，因此，需要不断提升现有基础设施的服务质量，扩大其服务范围。与消费互联网相比，数字工厂、智能工厂对信息基础设施的要求更高，因此，我国需要在工业领域加快5G建设，满足数字化生产对新一代通信技术的需求。

（5）加强与优势国家的合作，不断提高自身的国际地位和影响力。目前，在工业方面，美国采用的是工业互联网参考架构（IIRA），德国采用的是工业4.0参考架构模型（RAMI4.0）。美国与德国正在合作探讨这两种架构的一致性，希望通过相关手段使两者融合，形成统一的架构。在此形势下，我国也应该积极行动起来，争取与其他国家进行深入合作。在工业领域，我国拥有自己的优势，例如产业门类齐全、市场规模庞大、数据资源丰富等。在国际合作的过程中，我国要充分发挥自身优势，引导行业组织和企业进一步发挥作用，不断提高自身影响力。

（6）引导制造业向数字化转型需要进行统筹规划，实现与再就业培训、社会保障体系的有机结合。制造业向数字化转型可以大幅提高企业的智能化水平，但同时也会减少普通就业机会。因为在数字化工厂中，工人原有的知识、技能无法满足工厂运转需求，传统的劳动者也难以适应数字化服务业的要求。随着数字工厂、智能工厂不断建立，会产生很多新情况、新问题，面对这些情况，相关部门要做好预案，引导企业化解矛盾，解决问题。对于无法适应新环境的劳动者，要通过技能培训、提供公益性岗位等措施来化解他们的就业压力，同时要切实发挥社会保障体系的作用。

5G赋能工业互联网

4G改变生活，5G改变社会。5G比4G拥有明显优势，覆盖范围更广，容量更大，速率更快，可以面向万物互联、超低延时、超高速等多种场景。相比于4G，5G无论是在质量上还是在体验上都有了大幅提升。5G的普及和应用可以极大地推动消费互联网发展，同时可以为工业互联网发展带来巨大的机遇。

工业互联网是一种由数据驱动的智能网络，它的形成需要以工业设备的全面互联为基础。工业和互联网原本是两个概念，两者融合需要以网络、数据、安全为基础支撑。想要构建工业互联网，需要构建网络、平台、安全三大功能体系，建造可以通过网络实现人、机、物全面互联的新型基础设施，同时形成诸多新模式、新业态，例如智能化生产、个性化定制、网络化协同、服务化延伸等。

一、5G关键技术及应用场景

有人认为，4G向5G的转变只是一次信息通信技术的升级换代。但实际上，5G商用的意义远远超出普通民众的认知。随着5G的普及和应用，必将引发一场影响深远的全方位革命。在这场革命中，5G信息通信技术不再单纯地面向移动互联网，而是为全行业的数字化、网络化和智能化提供支撑。5G凭借其关键技术的优势特性，可以满足工业互联网的应用需求，帮助工业、交通、金融等各行业迅速转型升级。

（1）5G关键技术。

• 低时延，高可靠。5G关键技术包括Minislot、上行免授权、大子载波间隔、FDD传输等。这些关键技术可以使网络时延大幅度降低，满足工业物联网的超低时延要求。同时，这些技术还可以让网络具备超千亿连接的支持能力，让网络连接设备的连接密度达到100万/平方千米。5G关键技术可以大幅降低终端的功耗和成本，为用户提供毫秒级的时延和近100%的业务可靠性保证。

• MEC（Mobile Edge Computing，边缘计算）技术。MEC技术借用一种灵活的云计算机系统优化方法，可以实现计算应用、数据和服务控制的“去中心化”，即把各种控制从中心节点（核心）带到互联网末端（边缘），使智能设备在物联网环境下无须通过云计算也能实现自我控制。采用MEC技术可以快速处理采集到的数据，并能对数据进行本地存储，还可以在工业互联网背景下支持本地业务高速率、低时延运行，提升数据的私密性，实现对数据的智能化处理，降低工业终端对计算能力的要求，满足用户对网络实时性的需求。

• 网络切片技术。SDN（Software Defined Network，软件定义网络）是实现网络虚拟化的一种方式，它可以把网络设备的用户平面和控制平面分离，灵活控制网络流量，形成更加智能化的网络。NFV（Network Function Virtualization，网络功能虚拟化）可以利用通用性硬件和虚拟化技术分离EPC软件与硬件，并承载各种功能的软件处理，可以大幅度降低网络设备的成本。

将NFV和SDN技术相结合，可以将运营商的物理网络切分成多个虚拟网络，实现“网络切片”。将两种技术相互配合可以根据时延、带宽、安全性和可靠性等不同的服务需求划分虚拟网络，既可以满足不同的网络应用场景，又可以实现资源的充分共享，还可以快速开发和部署新业务。

（2）5G应用场景。标准化组织3GPP（3rd Generation Partnership Project）为5G定义了三大应用场景，分别是增强型移动宽带（enhance Mobile Broadband，eMBB）、大规模物联网（massive Machine Type of Communication，mMTC）和超高可靠超低时延通信（ultra-Reliable and Low

Latency Communications，uRLLC），如图7–2所示。5G网络具备快速率、低功耗、低延迟、高稳定等优势，受到越来越多用户的支持。凭借这些优越的性能，5G网络可以灵活支撑工业互联网的多种业务场景，是打造工业互联网的首选网络。

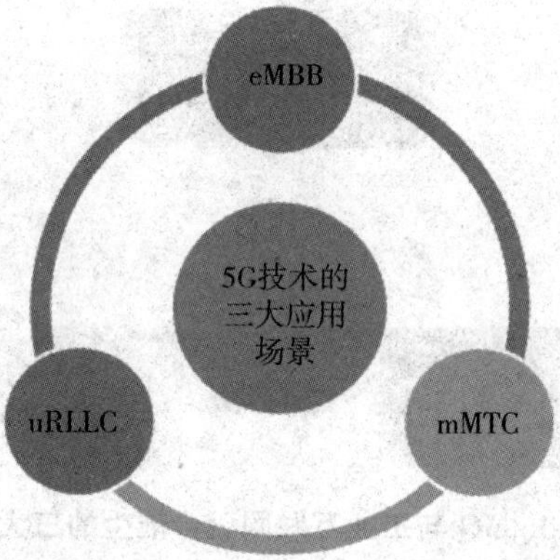

图 7–2　5G 技术的三大应用场景

二、5G与工业互联网的融合应用

5G无线网络不仅速度快，而且覆盖范围广，用其代替有线接入网应用于工业领域，可以避免铺设线缆和设置保护设施等操作，极大地降低工厂部署和维护内部网络的成本。不仅如此，5G无线网络的部署非常快，能够增强工厂设备的移动性，提高生产线的灵活性。在5G网络覆盖下，工厂可以根据生产需要灵活组合、构建生产线，实现柔性生产。工业生产对底层网络的带宽、时延、智能化程度等要求较高，而5G网络却可以提供高效率、高质量、低成本的网络连接，用它来组建工业互联网再合适不过。5G与工业互联网融合可以催生出以下三大应用，如图7–3所示。

（1）无人驾驶/自动送货。无人驾驶和自动送货对导航定位的要求较高，因此需要进一步升级、优化导航技术和系统架构，而这需要降低无线通信的网络延迟，提高网络服务的可靠性，扩大宽带容量，这些要求只有5G网络可以满足。将5G网络与激光定位、视觉定位、二维码定位等导航技术相结合，可以为不同的技术指标配备不同的传输带宽，实现无人驾驶和自动送货，打造一体化的智慧物流体系。

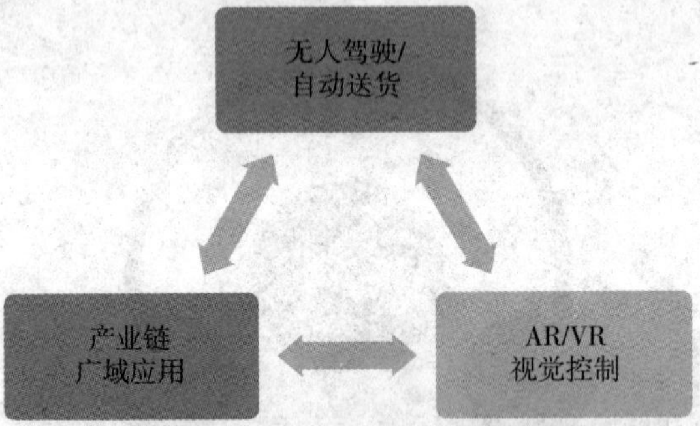

图 7–3　5G 与工业互联网融合催生的三大应用

（2）AR/VR视觉控制。利用AR技术，工厂可以以3D可视化的方式清晰地呈现生产数据，将机械设备的生产状态更加直观地展现出来。生产人员只需要佩戴AR眼镜就可以通过扫描的方式获取设备的生产数据，快速了解当前的生产状况。利用VR技术可以打造数字化虚拟工厂，利用虚拟仿真技术拟构整条生产线，同时还能与现场工业软件的数据协议实现联通，打破生产线在时空维度上的限制。另外，工厂还可以利用VR技术调用每台设备的生产数据，对各条生产线的生产状况进行实时监控，对可能出现的故障进行预测性维护。

（3）产业链广域应用。工业物联网广域应用指的是在工厂、供应商和用户之间实现跨领域的网络访问和通信、协同生产、供应链协作、智慧物流等应用。在工业互联网的支持下，工厂的生产线和辅助配套设备、供应商、用户都能通过广域通信联系起来，实时了解彼此的需求，了解物料流动、生产周期等信息，同时还能为工业生产提供各种服务，例如位置跟踪、远程监控、智能检测、产品或服务定制等。

随着5G网络在垂直行业普及应用，工业物联网进入快速发展阶段。未来，工业互联网要面向垂直行业的需求，将信息技术与制造技术的联动发展作为着力点，加快技术创新，促进应用普及，从理论步入实践。

未来的智能工厂

5G为智能制造的实现提供了强有力的支持，它可以将分布在各个环节、不同类型的机器与设备连接在一起。而且5G技术不仅可以在工业场景中发挥重要作用，在个人移动互联网应用场景中也有广阔的应用空间。5G技术的发展应用可以帮助制造企业摆脱无线网络技术缺乏统一标准的窘境，为加快部署工业互联网、完成从传统制造向智能制造的转型升级注入新动能。具体来看，在5G赋能下，工厂将发生以下五大变化，如图7–4所示。

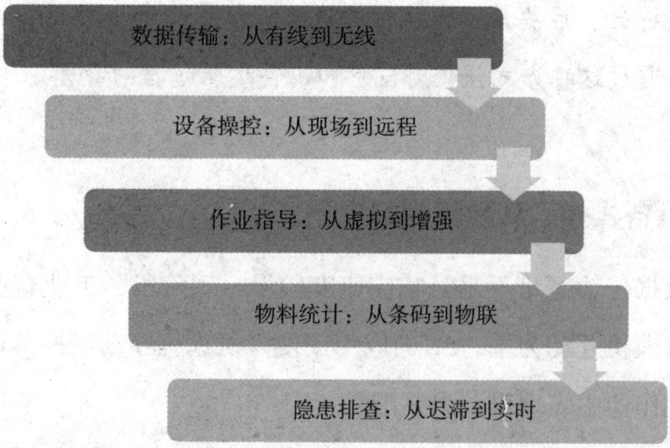

图7–4　5G赋能下的智能工厂

一、数据传输：从有线到无线

基于安全可靠、低时延等方面的优势，5G完全可以以无线的方式承担信息传输工作，顺利完成控制信息与反馈信号的发送与接收，让工业企业在安装设备的过程中无须顾及空中与地下线路的布局，只要关注动力电缆的铺设即可。

以离散制造业为例，在加工生产小批量产品时，企业通常要改变设备布局。如果用无线传输代替有线传输，企业在调整工业机器人、数控机床设备的布局时，可以不用考虑数据线缆的影响，在很大程度上提高了布局的灵活性。

5G不仅可以用于传输数据，还可以获取运动部件的动态数据。举例来说，工业企业可以利用5G收集数控机床运动部件的相关数据，具体包括电机、导轨、轴承等，在获取这些部件的磨损、振动数据后，利用服务器终端对这些数据进行处理，制作数据变化趋势图，及时监测数据是否超出正常范围，如果出现问题，立即启动反馈机制，根据先感知、后决策、再执行的流程，保障设备正常运转，降低工件损耗，通过这种方式强化对设备和工件运转过程的管理。

二、设备操控：从现场到远程

因为数据传输宽带不足且响应速度较慢，现阶段，工业企业在车间运转方面仍以人机互动为主。5G的应用促使人机远程互动操控落地，其应用价值在高危作业中表现得尤为突出。

以零部件喷涂为例，目前企业已经能够利用工业喷涂机器人进行规模化喷涂，但对于单件小批量的喷涂来说，这种方式并不适用，仍需依靠人工喷涂，喷涂过程中产生的污染给操作人员的身体健康造成了极大的威胁。5G的应用可以让操作者站在场外通过立体双目VR头盔观察场内机器人的工作进度，配合使用智能手套对机器人手臂进行控制，以远程操控的方式进行零部件喷涂。

利用5G进行远程控制，可以让机器人、机器代替人在污染的环境或高危环境中作业，例如用机器人为炮弹填装炸药等。与此同时，远程操控还可以打破时空限制，求职者在选择工作时无须考虑是否异地，可以利用5G与VR头盔，通过远程操控的方式完成工作任务。

在5G环境下，有望实现云端对终端的操控，这样一来，工程师就可以通过云端为终端提供数控机床加工过程中需要的G代码程序，发挥云端平台对数控机床的控制作用进行零件加工，有效提高这种运作方式的适用能力，使其能够承担更加复杂的工作。随着5G广泛应用，工业制造的数控机床可以脱离数控系统独立运转，颠覆传统的机床运作模式，将所有编程任务交给云端完成。

三、作业指导：从虚拟到增强

一般情况下，工厂车间要根据作业指导书组织生产加工活动。过去，车间的作业指导书多以文字形式呈现。随着CAD（Computer Aided Design，计算机辅助设计）技术的发展与应用，车间作业指导书转换成了二维示意图，在实现三维CAD后则转换成了三维立体图。

目前，部分企业实现了对三维动画技术的应用，能够以触屏方式查看车间作业指导信息，方便快捷。但从根本上讲，无论哪种形式的作业指导书，其内容主要集中在理论层面，无法很好地适用于现场实际情况，无法对车间运转过程中出现的新情况进行高效评估，难以发挥应有的作用。

利用超大宽带的5G，工厂有望在车间作业指导方面发挥AR技术的作用。在基于5G应用的新型操作模式下，工人可以使用智能眼镜获取云端提供的实时图像。云端平台在对图像进行处理后，会将后续的操作要求及具体内容发送到工人佩戴的智能眼镜中，为其提供全方位指导，让其根据要求作业。在具体实施期间，如果工人的操作行为不符合规定，或者打乱了既定的操作顺序，云端系统将发出警告，帮助工人纠正当前的错误行为，避免问题继续发展下去，从而提高整体操作的准确性。

在5G网络环境下，AR增强现实技术能够利用云端计算软件代替传统的嵌入式硬件进行信息感知与识别，减少企业在终端布局领域的资金消耗，并扩大该技术的应用范围，提高工人操作的准确性与规范性，减少因人为失误造成的安全问题的发生频率。

四、物料统计：从条码到物联

在车间运转过程中，企业要对相关的物料数据进行采集，如物料名称、批次、位置、数量、编码、具体加工状态等，为此，企业不得不委派专人进行物料盘点。为了提高物料统计效率，部分企业引进了条码识别技术，用扫描方式获取物料信息。相比之下，5G及相关技术的应用则能以更高效的方式进行物料信息的识别与采集。

例如，工厂车间在加工机床床身大件的过程中，如果在场内安装厘米级的高精度定位室内天线，就能使用联网卡，配合5G应用，实时获取所有床身工件、相关设备的运动部件及各类物料的位置信息，利用三维坐标数据打造立体化的虚拟空间，据此建立完善的数字镜像系统。

利用云端平台挖掘数据价值，在分析物料历史运动轨迹及工件与设备对应位置的基础上，对工件的加工状态进行判断，推测其所处的加工阶段，以自动化方式对物料相关信息进行采集，强化企业对车间运转过程的控制。

五、隐患排查：从迟滞到实时

所有工业企业都不能忽视车间现场的安全管理。为了及时发现车间的安全隐患并采取有效的应对策略，企业需要聘请安全管理人员进行巡查，但这种方式存在一定的迟滞性，无法避免安全问题的发生。在5G环境中，依托云平台的人工智能识别技术能够对车间内所有设备的运转情况进行全方位监测，例如企业可以使用安全巡检无人机利用智能视频识别技术进行全方位安全检测，对工人忘记系安全带、忘戴安全帽等行为进行识别，利用图片比对技术对作业现场可能发生的安全隐患进行预测，提前发出警示，降低安全事故发生概率，提高隐患排查质量与效率。

信息的高效互动能够加速整个社会的发展。在信息时代，5G的应用将在社会发展过程中扮演更重要的角色，通过打破人与设备、设备与设备、设备与物料之间的信息沟通壁垒促进工业行业转型升级，加速智能工厂建设，提高工厂运行的信息化水平。

5G与工业自动化控制

随着5G移动通信时代逐渐临近，世界主要国家开始竞相部署5G战略，力争引领全球5G标准与产业发展。韩国在2018年的平昌冬奥会上率先提供了5G应用服务，并计划于2020年底实现5G大规模商用；美国四大运营商也计划最迟于2019年进行5G预商用部署；欧盟于2018年启动5G预商用测试，并计划于2025年在欧洲各城市推进5G商用；日本宣布2023年实现5G全国覆盖。

我国政府积极推进5G战略，不断加码相关政策。《国家“十三五”规划纲要》提出“积极推进第五代移动通信（5G）和超宽带关键技术，启动5G商用”；《国家信息化发展战略纲要》强调要“积极开展5G技术研发、标准和产业化布局，2020年取得突破性进展，2025年建成国际领先的移动通信网络”。同时，政府支持成立IMT–2020（5G）推进组，组织5G试验、推动5G技术和标准研发。国内主流通信设备企业在标准制定和产业应用等方面已经获得业界认可。

5G可以提供极低时延、高可靠、海量连接的网络，使得闭环控制应用通过无线网络连接成为可能。根据华为提供的实测数据：5G空口时延可以达到0.4ms，单小区下行速率达20Gbps，小区最大可支持1000万$^{+}$连接数。由此可见，在目前所有的移动通信技术中，只有5G可以满足闭环控制对网络的要求。

在自动控制领域，5G网络具有十分广阔的应用前景。工厂制造离不开自动化控制，而这种应用是围绕闭环控制系统展开的。闭环控制系统是工业自动化控制的核心。闭环控制系统在工作过程中会利用大量传感器实时搜集系统运行状态及周边环境数据，并将数据传输至控制器，然后由控制器对数据进行处理后向执行器发送相关指令。常见的闭环控制周期为毫秒级，因此，系统通信时延也应该降低至毫秒甚至更低级别才能满足系统运行需求，否则，将给工厂造成较大的财产损失。

自动化控制的应用以倒立摆为代表。运用倒立摆原理可以对机器人的行为姿态进行控制，促进航空飞船顺利对接。华为X Labs研究5G在极低试验自动控制方面的作用时用到了倒立摆，其分析结果显示，在4G网络环境下，由于网络时延难以降低，无法在短时间内根据指令完成对倒立摆的操控，从起摆到稳态用时13.2秒。在5G网络环境下，由于网络时延非常低，在4秒内就能完成对倒立摆姿态的控制。

不仅如此，对于大型工厂来说，很多生产环节的运转都有赖于自动控制的应用。因此，要利用无线网络促使控制器、传感器、执行器之间开展高效的信息交互。

在闭环控制模式下，不同应用场景所需要的传感器数量、数据包大小、闭环控制周期不同，这里列举部分具有代表性的应用场景所需的指数，如表7–1所示。

表7–1　闭环控制应用场景所需指数

应用场景	传感器数量/个	数据包大小/byte	闭环控制周期/ms
打印控制	＞100	20	＜3
机械臂动作控制	＞20	50	＜5
打包控制	＞50	40	＜3

第8章
5G+VR/AR：打破虚拟与现实的边界

VR/AR产业的爆发前夜

2016年被称为“VR元年”。在那一年，人们将VR视为继电脑、智能手机之后的又一个计算平台，认为VR将颠覆现有的电子市场，使电子市场的格局得以重塑，因此AR获得了科技巨头、资本机构的青睐。但因为那时VR只有概念，没有核心技术与专业人才作支撑，再加上过分炒作与包装，“VR热”很快消退，VR产业迎来了“资本寒冬”。

但随着5G时代的到来，VR产业又重新获得了资本市场的青睐。未来，以5G为支撑，VR产业将获得突破式发展。据相关机构统计，2018年，全球VR装置出货量为465万台；2019年，VR装置出货量增至600万台。在产业规模方面，2020年，全球虚拟现实产业规模将超过2000亿元，其中，VR产业规模将达到1600亿元，AR产业规模将达到450亿元。2017—2022年，虚拟现实产业市场规模的年均复合增长率将超过70%。

一、VR/AR产业链

VR/AR行业与智能手机行业在产业链环节具有相似性，两者都包括四个环节，分别是硬件、软件、内容制作与分发、应用与服务，如图8-1所示。当然，两者也存在区别，智能手机的应用主要面向个人消费者，而VR/AR的应用不仅面向个人消费者，还面向各行各业，应用环节比智能手机更为复杂。

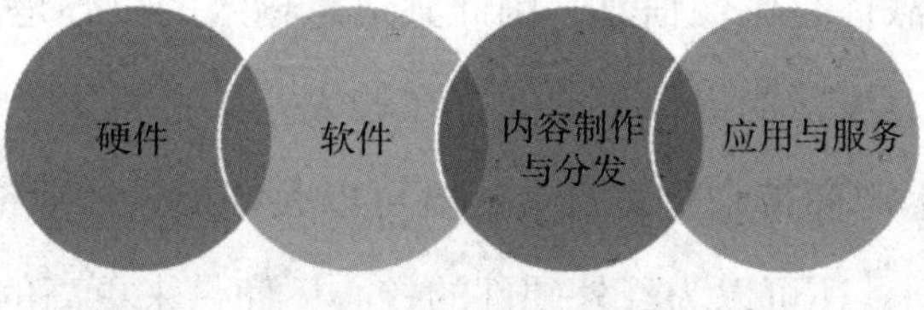

图 8-1 VR/AR 行业涵盖的四个环节

VR/AR产业链的上游厂商有的是为内容制作生产硬件，有的是为内容制作提供解决方案，还有的是为设备整合提供硬件生产与软件开发。总体来看，VR/AR设备的硬件成本较高，占总体设备成本的一半以上。

AR硬件主要包括光学设备、显示设备、芯片、传感器等，软件主要包括数据采集（环境渲染、视频捕获、SLAM）、数据处理（3D渲染、渲染引擎等）和系统平台（操作系统、SDK），如图8-2所示。

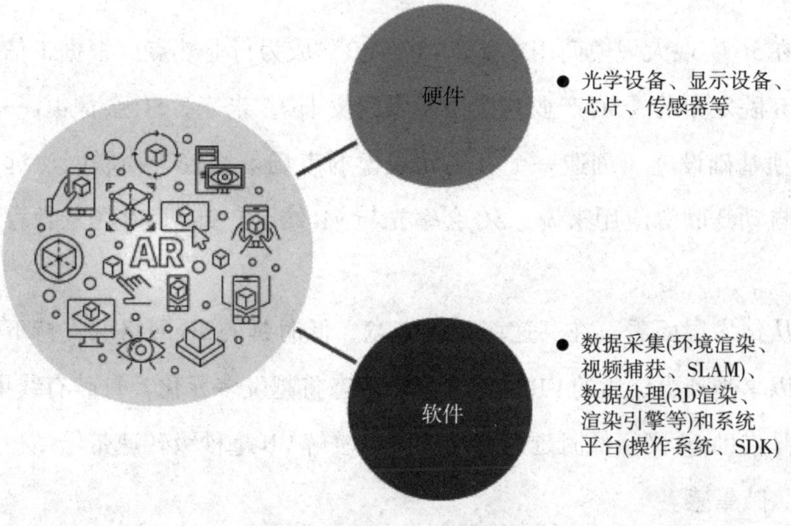

图 8-2 AR 的硬软件设备

在产业链中，硬件具有先发优势，可以在初期迅速打开市场。分析智能终端的市场结构变化不难看出，AR在数据、消费、娱乐等各个细分领域的比重将随着产业链生态的持续完善逐渐加大。

AR的交互载体是影像信息，因此其信息输入的核心是3D成像。3D成像的摄像头与2D成像的摄像头之间存在较大差异，相比于2D成像，3D成像可以给硬件生产商带来更多机会，既可以大幅提升产业链的价值，也可以改变价值分配，还可以为红外硬件的核心厂商带来更高的营收。

VR/AR产业链的中游厂商主要负责模组的制造和组装，主要包括3DSensing、处理器模组、成像模组。

VR/AR产业链的下游厂商主要为用户提供各种VR/AR终端产品和应用服务。这些厂商能够为用户提供多个领域的丰富应用，包括游戏应用、消费应用、企业应用、健康医疗应用、教育应用等。未来，VR/AR的市场空间将随着下游应用场景的不断增加进一步扩大。

二、运营商积极开展“5G+VR”布局

在5G实现大规模商用之前，“5G+VR”成为行业热点。根据工信部赛迪研究院发布的《5G产业与应用发展白皮书》，未来，5G会像4G一样成为一项基础设施，创造一个万亿元规模的市场。相较于物联网、远程医疗、自动驾驶等应用来说，5G会率先与VR结合，推动VR场景教育顺利落地。

从技术层面看，在高速率、大带宽、低时延的5G网络的支持下，用户可以享受到更优质的VR体验，内容形态将越发多元化，打破有线束缚。尤其是借助5G网络低时延的特性，可以缓解VR毫秒级转速带给用户的不适感、眩晕感。

目前，智慧家庭领域的运营商都在积极布局VR，推动VR产业发展。例如，中国电信将云VR视为智慧家庭领域的重点产品，与其他企业联合打造“5G+云VR”生态闭环；中国联通制订了“5G+视频”推进计划，将云VR视为5G领域的重点创新业务，并计划在江西打造VR云平台；中国移动将“5G+云VR”视为重要的发展方向，将云VR视为VR的高级发展阶段，并在乌镇世界互联网大会期间展示了很多“5G+VR”业务。

在业内人士看来，未来VR会成为5G的首选业务，5G将对AR/VR的发展产生强有力的推动作用，AR/VR产业也将成为5G发展的重要需求。

经过几年时间的发展，VR行业各领域都取得了不错的发展成绩，在这些领域中，VR视频是非常重要的一部分。对于运营商来说，VR视频是一个非常关键的应用。同时，因为运营商经常自己提供视频服务，所以VR视频也是市场应用范围最广的一个应用。

虽然在整体收入中，VR视频收入所占比例比游戏低，但其占比在不断增长。预计到2023年，VR视频产生的收入将与游戏产生的收入持平，二者总收入共33亿美元，在VR产业总收入中占比45%。从这个发展趋势来看，视频比游戏更重要，做好VR视频产业可以更好地扩大整个VR市场的规模。

5G时代的“杀手级应用”

近几年，5G技术逐渐走入人们视野，各行各业都对其抱有较大的期待，VR和AR行业也是如此。在5G技术支持下，VR和AR将发生什么样的新变化呢？在业内人士看来，VR和AR是5G技术最值得期待的应用场景，VR和AR未来的发展和应用必定离不开5G技术的支持。

一、VR/AR有可能成为“杀手级应用”

目前，各行各业都对VR和AR在5G场景下的应用充满期待，这使得VR和AR很可能成为未来科技领域的“杀手级应用”。VR产业的发展虽然起步较早，但受网络、终端以及产业链等多种因素的限制，未能得到大规模发展。

5G网络具有大带宽、高速率、低时延的特点，而VR和AR在高清画面和内容交互等方面对网络具有较高的要求，如果能将5G网络与VR、AR完美适配，必定可以促使VR、AR产业取得重大突破。未来，5G网络与VR、AR的结合应用将会深入教育、医疗、地产、游戏等多个领域。在5G网络的支持下，VR和AR不仅可以给用户带来更加真实的视觉体验，还可以给用户带来更多的互动体验，为用户打造更加丰富的沉浸式体验。

二、5G引爆VR/AR市场

AR和VR需要低延迟、广覆盖的网络，只有这样才能更好地保持画面的一致性，为用户提供更好的体验。同时，AR和VR想要为用户提供沉浸式的体验，必须高效处理大量数据，一旦信号连接失败或数据供应滞后，就有可能破坏用户的体验，让用户产生不适感。5G网络的延迟时间是4G网络的1/10，流量容量和网络效率提高了100倍，如果能将它与AR、VR相结合，必定可以促使AR、VR实现大规模应用。

AR/VR想要在2020年或以后进入转折期，必须将5G网络作为关键驱动力。实际上，世界各国早在2019年就已经宣布正式启动5G商用，目前，世界各大主要城市都实现了5G信号覆盖，5G手机等产品也相继面世。许多专家认为5G网络的发展与应用有利于提高AR/VR产品的性能和使用体验，因此，将5G与AR/VR相融合可以创造更多可能，如表8-1所示。

表 8–1　5G 与 AR/VR 融合的应用场景

应用场景	具体应用
工业场景	AR/VR设备借助5G网络可以极大地增强管理者与机器设备之间的联通与感知。AR/VR设备与5G网络的结合可以实时为管理人员和工人提供生产、检验、服务等环节的关键数据，帮助他们更加灵活、安全地操纵生产活动
企业场景	AR/VR设备借助5G网络可以帮助管理者对员工进行实地培训或远程培训，进行技术测试等
医疗场景	AR/VR设备与5G网络结合可以助力远程医疗手术，提高病患诊治效率
消费场景	AR/VR设备借助5G网络可以更顺畅、便捷地与消费者互动，给消费者带来沉浸式购物体验
游戏、视频场景	AR/VR设备与5G网络的结合可以使游戏、视频取得进一步突破，让一些平时不可能实现的游戏设计和视频内容变为现实

三、5G/云化下的VR产业未来

现阶段，很多科技公司都创建了自己的云计算平台，在云端完成VR内容计算，这在一定程度上缓解了用户端对高性能计算硬件设备的依赖。在云计算平台建立后，用户体验VR产品无须再依赖沉重的设备与复杂的数据线，只需携带一个轻便的设备，通过云端连接，就可以直接在云端体验VR设备，使体验效果得以大幅提升。

在音视频处理方面，用户只需要接收经过云端编码压缩的音视频信息，就可以对VR内容和渲染进行处理，降低了对终端设备的依赖及对终端设备性能的要求。

具体来看，云VR有三大优势：

- 在云VR环境下，设备可以进行无线连接，为用户自由行动提供方便，还可以同时接入多种设备，促使多屏分享、多人互动等功能落地实现。

- 云VR拥有强大的云端计算能力，与GPU的渲染能力、人工智能的分析能力相结合，可以补足VR终端设备性能方面的短板，完善VR功能，优化VR体验。
- 云VR可以降低对终端设备性能的要求，降低用户的使用门槛，推动VR设备实现普及应用，创造更多优质的VR内容与VR商业场景。

在5G数据网络的支持下，或者在千兆级Wi-Fi网络的支持下，VR的主机头显可以抛弃笨重的体量，只需要借助云端主机就可以无线传输数据，摆脱线缆的束缚。VR一体机也将更加具备便携性和移动性，同时其成本也会大幅度降低。

在5G网络的支持下，VR一体机的数据计算可以在云端完成，这样就可以去除计算硬件、存储等单元，为VR一体机“减负”，使其体积更小、重量更轻、成本更低。与本地计算相比，云端计算更强大的逻辑计算能力、图形处理能力和编解码能力能够帮助VR一体机解决性能上的瓶颈问题。

另外，5G网络的OTA（Over-the-Air Technology，空中下载技术）往返的延迟可低至1ms，因此，在5G网络的支持下，VR体验将更加流畅，人们不会再因为网络时延产生眩晕感。

将VR一体机的数据计算放到云端，实现VR的云化，并不意味着用户端只通过一个VR头显就能完成一切操作。实际上，在VR云化之后，VR仍需要一些基础的软硬件予以支撑，例如视频解码、控制信令接收和传输器件等。

5G+VR/AR的场景化落地

VR的普及和应用可以让各行各业发展得更好，5G商用也能让VR体验变得更好。因此，随着5G时代到来，VR应用发展将面临新机遇。在VR应用的早期，VR硬件设备受到不少限制，例如网络传输速度、渲染效率等。5G网络的应用可以帮助VR摆脱这些限制。5G+VR是未来创新应用的代表，它将逐步渗透到教育、医疗、游戏、视频、文化旅游等多个行业领域，促使这些行业实现创新发展，如图8–3所示。

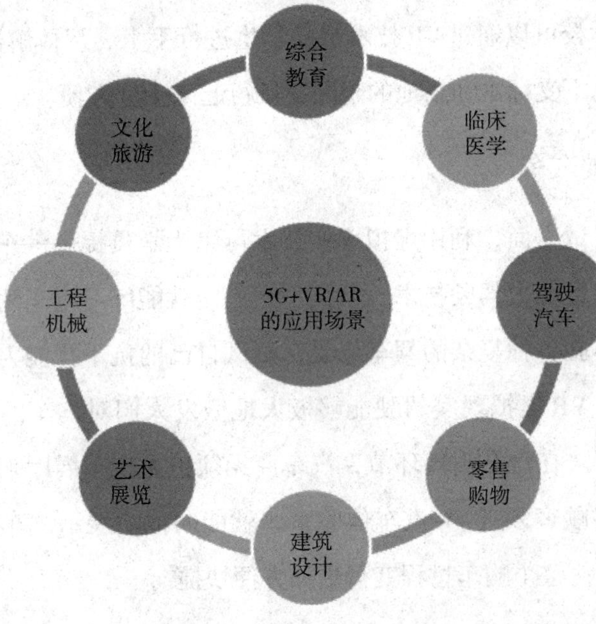

图 8–3 5G+VR/AR 的八大应用场景

一、综合教育

将虚拟现实技术应用于教育领域，可以极大地推动教育发展。VR技术可以给人一种真实的临场感，带给用户沉浸式体验，也能够缩短城乡之间、区域之间的教育资源配置差距，促进教育资源均衡配置。同时，VR技术也可以帮助学生学习更多的实用技能，例如建筑、设计等，不仅可以为学生提供更多可能，还可以为教师的教学提供更多便利。

二、临床医学

与其他学科相比，医学课程的实践要求更高，例如只进行手术观摩是不行的，进行实际操作才能领会精髓；一名成熟的外科医生的培养大约需要15年的时间，在这期间，他需要不断学习、实践。如果将虚拟现实应用与医学教育相结合，将大大缩短学生的学习时间，提高医学人才的培养效率。例如，学校可以通过VR技术帮助学生进行手术、尸体解剖类的练习，这些练习可以不受标本和场地的限制，实行起来十分方便。

三、驾驶汽车

在驾照考试方面，利用虚拟现实技术可以为学员提供汽车驾驶的虚拟场景，帮助学员练习驾驶技术。学员不用出门就能练习汽车驾驶，通过虚拟现实技术体验各种复杂的驾车场景，测试自己的抗干扰能力，学习安全驾驶技巧等。VR虚拟现实驾驶能够极大地激发人们对汽车的兴趣，从而刺激汽车消费。在汽车销售环节，汽车商无须扩大汽车展厅来展示更多汽车，只需要将顾客领进VR汽车体验室，就能向他们展示汽车的款式、颜色、内饰等，使整个购车过程变得更加方便快捷。

四、零售购物

2016年，淘宝推出首个“BUY+”虚拟电商购物产品，掀起了虚拟与现实结合的购物热潮。这种购物方式利用混合现实（Mixed Reality，MR）技术，可以轻松将虚拟与现实相融合，形成独特的虚拟现实购物场景。在这个场景中，消费者可以像日常逛超市一样浏览和体验商品。通过VR和MR技术模拟线下购物体验，颠覆了传统的消费方式，能够强烈地刺激消费者的感官，达到吸引消费者购买商品的目的。

五、建筑设计

利用虚拟现实技术进行建筑设计，可以轻松搭建出虚拟的建筑物，并展示虚拟建筑物的外部和内部场景，让人产生身临其境的感觉。设计者只需要通过图形设备就能模拟出建筑物的内部结构，不需要利用图纸和标尺就能随意修改建筑物的内部结构，这能够极大地减轻设计人员的劳动强度，辅助建筑师又好又快地完成设计工作。

六、艺术展览

虚拟现实技术还可以用于艺术作品的展览展示。艺术家可以通过这种新型媒介向爱好者展示他们的艺术作品，在将虚拟现实技术融入艺术创作时，将自己的创作思想也融入其中，并将自己想要表达的内容更好地传递给观众。传统的展览通常是在美术馆、博物馆等地进行，非常容易受到场地限制，而且展览形式千篇一律，让人感觉比较单调。而利用虚拟现实技术可以让艺术展览形式更加多样，也更加具有现代特色，让人产生耳目一新的感觉。

七、工程机械

工程机械是用于建筑施工的专业设备，像大多数设备一样，会随着时代的发展不断更新换代。利用VR技术能够极大地提高工程机械设备的性能和效率。例如，可以利用VR技术对工程机械设备进行虚拟样机原型设计，这样一来，客户只通过VR虚拟现实系统就能真切地感受到产品的性能和功能。利用VR技术设计工程机械可以让设计者获得沉浸交互式的体验，机械的虚拟维修和装配培训将变得简单、高效，企业的营销展示也将变得更加便捷。

八、文化旅游

随着生活水平不断提高，旅游业发展日益蓬勃。VR技术应用于景区建设，会给旅游业的发展注入全新的动力。而要打造虚拟空间旅游，就需要借助VR技术，针对特定的自然景观，设计和建造相应的虚拟空间，让虚拟与现实完美融合。

基于MR的沉浸式学习体验

MR（Mixed Reality）的中文意思是“混合现实”。20世纪70年代，多伦多大学教授史蒂文·曼恩（Steve Mann）提出了“介导现实”的概念，并根据这个概念设计出了一种可穿戴智能硬件，这种智能设备可以增强视觉效果，让人们在任何情景下都能“看到”周围环境，这是人类对MR技术的初步探索。由于史蒂文·曼恩在智能硬件领域做出了卓越贡献，人们称之为“智能硬件之父”。

VR、AR与MR的区别是什么呢？实际上，VR是纯虚拟数字画面，AR是虚拟数字画面与裸眼现实的结合，MR是虚拟数字画面与数字化现实的结合。在概念上，MR更接近AR，都是虚拟与现实的结合，但传统AR技术存在一些限制，例如只能利用棱镜光学原理折射现实影像，没有VR的视角大，也没有VR的画面清晰。

MR技术可以更好地将AR技术的“虚拟+现实”的理念体现出来，具有VR与AR的双重优势。史蒂文·曼恩认为智能硬件未来的发展方向是从AR技术向MR技术过渡。MR和AR的最大区别在于MR可以通过摄像头让用户看到裸眼无法看到的现实，而AR只是在现实环境中叠加虚拟环境，不会顾及现实本身。

MR将现实世界与虚拟世界连接在一起，创建了一个新的可视化的环境。这个环境涵盖了两部分内容，一是物理实体，二是虚拟信息，都具有实时性的特点。MR多人交互游戏及教育模式使用了最先进的MR眼镜，借助无线网络，运用统一空间定位算法，为现实世界与虚拟世界的混合呈现与交互问题提供了有效的解决方案，为虚拟世界与现实世界的融合提供了强有力的技术支持，让现场与MR交互和多人协作成为现实。

相较于市面上的其他产品来说，MR有很多独有的优势，例如独特的显示模式、异地或同一地区的多人交互模式、虚实结合的预览模式等。随着5G技术不断发展，市场应用前景不断扩展，MR将在B端市场实现广泛应用，其中，教育行业是一个非常重要的应用场景。

MR技术应用于教育教学，可以增强课堂教学的沉浸感，带给学生身临其境的体验，能够极大地提高学生对知识的保留程度。根据埃德加·戴尔（Edgar Dale）的“经验之塔”理论，相较于单纯的学习来说，体验学习能够让学习者掌握更多知识，还能提高学习效率与效果。具体来看，MR应用于教育教学可以带来三大变化，如图8–4所示。

图8–4 MR应用于教育教学的三大变化

一、沉浸式学习体验

课堂教学引入MR技术可以带给学生沉浸式体验，这是MR之于课堂教学的一大显著优势，可以切实提高知识的保留度。相关数据统计显示，相较于接受传统教学的学生来说，接受MR教学的学生的平均测试成绩要高27.4%。另外，让学生分别接受真人讲解演示与虚拟环境演示，结果表明，事后可以回忆起真人讲解演示的学生只有16%~48%，而可以回忆起虚拟环境演示的学生占到了80%。

二、MR多人协作促进学生融入社会

根据都柏林大学教育和终身学习学院康纳尔·高尔文（Conor Galvin）博士的理论，那些无法融入班集体的学生有可能因为某种特长被其他同学接受。MR技术走进课堂，可以帮性格内向、不善言辞的学生打开心扉，帮偏科学生重获自信，满足不同学习风格的学生的学习需求。除此之外，在MR技术的支持下，团队协作、同伴教学也有了实现的可能。

三、基于游戏的虚拟体验，提升学生的学习动力

教育可以让受教育者形成自我认知，获取工作技能与能力，是一种积极向上、有吸引力的人生体验，毕竟一个人一生要在学习、教育领域投入很多时间与精力。对于教育工作者来说，将虚拟现实游戏引入课堂可以有效增强课堂的趣味性，激发学生的学习兴趣，提高学生对课堂的参与度。

在应用MR技术之前，格如灵已经在VR STEAM教育领域取得了一定的成就。格如灵打造了很多产品，在格灵世界这款产品中，学生可以利用平台提供的大量预设场景、模型库，利用图形化编程，将自己创造的产品通过VR设备展示出来。

2019年2月，格灵世界已经有1000多个VR课件，其中带有教学属性的3D模型达到了上万个。在入校方式方面，格灵世界为入校新生创建模拟教室，为每个教室配备30～50台VR一体机；在课程设置方面，格灵世界的教学内容涵盖了中小学的所有学科，包括语文、数学、英语、生物、地理、化学、安全教育、科普等，这些课程得到了教师、学生的良好反馈。

一直以来，格如灵都在试图将虚拟现实技术引入STEAM教育。在微软推出MR技术之后，格如灵就利用MR技术，辅之以多人协作场景，支持学生独立走进全息教学场景，或支持学生与他人合作组成学习小组，共同完成试验操作，培养学生的团队合作意识与能力。目前，格如灵的教研与技术团队正在紧锣密鼓地研究基于MR技术的智能教学场景的构建。

随着5G及云XR技术取得重大突破，格如灵将与业内领先企业合作，共同致力于将虚拟现实技术应用于教育行业，促使STEAM教育借助云XR技术完成数字化转型，进而推动整个教育行业实现转型升级，让学生享受到更优质的学习体验。

第9章 “5G+”短视频：释放新一轮短视频红利

5G重构短视频商业格局

5G的商业化应用将推动媒介内容生产方式、传播方式、呈现方式等发生一系列变革。媒体由技术驱动，技术发展与突破对其影响非常突出。2019年6月，工信部向中国广播电视网络有限公司等组织与机构发放5G商用牌照，后者将借此机遇打造面向未来的现代传播网络。同时，受5G影响，影视产业链也正在发生改变。考虑到行业特性，短视频有望成为较早一批从5G中获利的行业之一。

短视频是移动互联网时代备受关注的风口之一。5G时代来临后，短视频行业的用户规模、资本关注度、盈利能力等将实现大幅度提升。传输高画质短视频对网络速度有较高的要求，想要保证用户观看短视频的流畅度，部署5G网络很有必要。5G时代，短视频将成为人们日常生活与工作中的基础性内容消费品，在整个社会信息传播过程中扮演非常重要的角色，具体表现在以下五个方面，如图9-1所示。

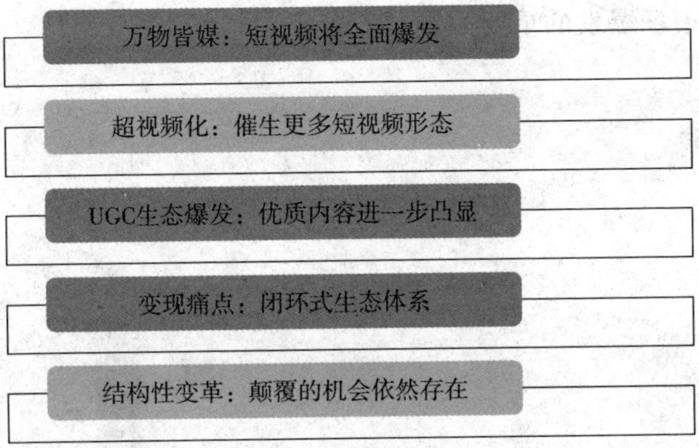

图 9-1　5G 时代短视频行业的五大变化

一、万物皆媒：短视频将全面爆发

5G将引领整个社会迈向万物互联时代，而短视频在远程医疗、智慧家庭、无人驾驶等领域的庞大需求，将促使短视频行业发展迈向新高度，打破短视频产业边界，为创作者、平台方等带来惊人的利润。

进入5G时代之后，信息将实现全时空、全现实、全连接、全媒体传播，例如，信息可以在任何时间、空间传播；物理世界和虚拟世界的边界将被打破；人与人、人与物、物与物等都能建立连接；形成“万物皆媒体”的传播新格局。在这种背景下，短视频行业的消费潜能将得到极大的释放，相关创业者和企业将获得广阔的探索空间。

二、超视频化：催生更多短视频形态

在5G技术的支持下，AR/VR视频为用户创造的沉浸式、临场式体验将得到进一步增强，中国信息通信研究院在《2018年VR/AR白皮书》中给出了AR/VR市场规模数据：2018年，中国AR/VR市场规模为80.1亿元，预计到2021年，这一数字将增长至544.5亿元，如图9-2所示。而5G正是推动AR/VR市场爆发的重要力量。

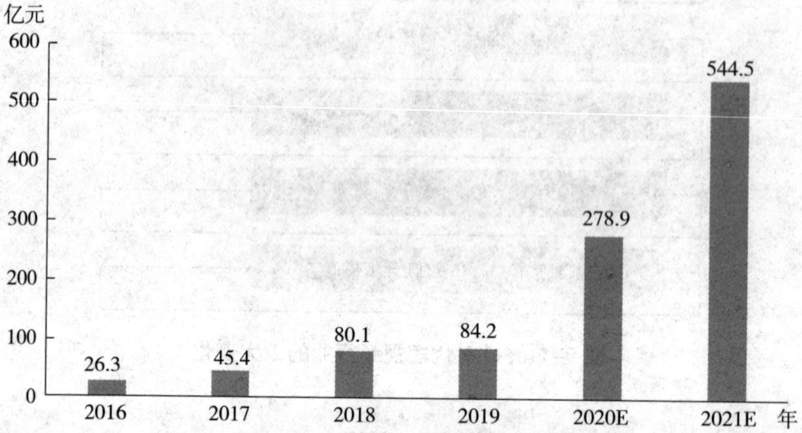

图 9-2　2016—2021 年 AR/VR 市场规模

通信技术是推动互联网应用发展的基础性技术。作为第五代移动通信技术，5G的发展与应用将对互联网行业产生颠覆性作用，催生一系列新兴短视频业态和玩法，促进动作捕捉、人脸识别等技术在短视频领域得到普遍应用。

三、UGC生态爆发：优质内容进一步凸显

在短视频内容生态中，UGC（User Generated Content，用户生产内容）和PGC（Professionally-Generated Content，专业生产内容）都是关键组成部分。以UGC为例，UGC是用户获得参与感、体验感、成就感的重要途径，对提高短视频平台的用户活跃度、在线时长等有直接影响。

信息智能分发使内容行业面临重新洗牌，高品质、个性化的内容将被快速精准地推送给目标用户，那些劣质、同质化的内容将面临无人问津的窘境。随着人们的审美能力不断提升，内容品质的重要性将大幅增长。在5G时代即将来临之际，短视频平台如何搭建好内容生态，为有能

力、有创意的内容生产者提供良好的创作环境，是平台管理者面临的重要课题。

四、变现痛点：闭环式生态体系

短视频的变现方式包括广告、内容电商、平台补贴、出售版权等，而大部分内容生产者主要依赖短视频平台进行内容分发，变现能力较差，不利于短视频行业持续稳定发展。

进入5G时代之后，短视频内容将成为品牌商吸引用户关注的关键。通过将产品和品牌植入优秀的短视频作品，让用户在不知不觉中改变自身的消费行为与决策，将成为品牌商营销推广最简单有效的方式之一。

在这种情况下，将有越来越多的品牌商和内容生产者合作。与此同时，市场中也将涌现出一批专业的达人经济公司，帮助优秀的内容生产者嫁接商业资源，以便完成价值变现。此外，短视频平台也将充分利用自身的KOL、IP等资源，向影视、衍生品等领域拓展。

五、结构性变革：颠覆的机会依然存在

2019年5月27日，中国网络视听节目服务协会发布了《2019年中国网络视听发展研究报告》，该报告指出：在短视频领域，抖音、快手短视频位于第一梯队，整体用户渗透率为54.2%；西瓜视频和火山小视频位于第二梯队，整体用户渗透率为21.9%；土豆视频、波波视频、好看视频、微视、美拍、秒拍、快视频等位于第三梯队，整体用户渗透率为18.0%（见图9–3）。

进入5G时代之后，抖音、快手等头部平台仍将保持明显领先优势，但这并不意味着创业者和中小短视频平台就没有机会，因为5G将催生更多元化、个性化的内容消费需求，创业者和中小短视频平台可以专注于某

个垂直场景，通过为目标用户提供高品质短视频产品及服务沉淀一批忠实用户，并做好用户全生命周期管理，从而推动自身不断发展壮大，甚至赶超行业巨头。

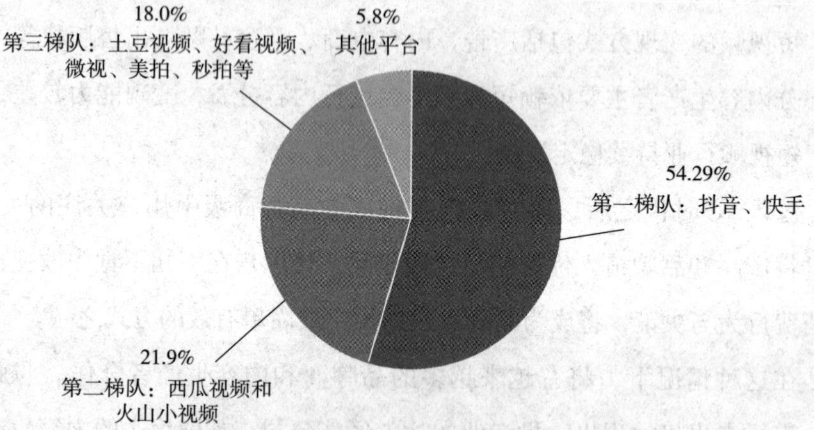

图 9–3　短视频平台各梯队渗透率对比

资料来源：《2019 中国网络视听发展研究报告》。

5G+4K：打造极致的视听体验

全球领先的市场研究与咨询公司 Markets and Markets 发布的报告显示，2019 年，全球小型 5G 网络市场规模达到了 5.28 亿美元。随着移动数据流量的增长和公民宽带无线电服务（Citizens Broadband Radio Services，CBRS）的出现，5G 市场规模将以 37.1% 的年均复合增长率保持快速增长，到 2025 年，市场规模将达到 35.09 亿美元。

目前，电信运营商在毫米波（mmWave）频段部署小型蜂窝解决方案成为主流趋势，在这种背景下，室外小型5G网络部署将迎来快速增长期。5G对视频行业的价值不仅局限于速度、流量、带宽的增长，支持海量接入以及极低的时延，还将给视频行业的发展提供巨大的能量。

4G时代，将AR/VR技术引入视频行业后，起初，一部分用户因为独特的内容呈现方式兴奋不已，但随着新鲜感逐渐消失，4G带宽成本高、延迟较大等问题越发突出，给用户体验造成了较大的负面影响。进入5G时代后，这些问题将不复存在。

一、视频云技术加码推进4K产业转型

随着网络资费持续下降，通过智能手机观看视频的人数、频率、时长等都在逐渐增长，催生了抖音、快手等短视频巨头。随时随地打开手机上的短视频应用，录制并分享一段短视频，已经成为很多年轻人的生活习惯。

5G时代，视频应用的清晰度将进一步提升。现阶段，4K视频相关技术已经相对成熟，8K视频技术成为相关厂商发力的重点。事实上，早在2016年巴西里约奥运会上，人类便实现了首次8K现场实况转播。

毋庸置疑的是，8K视频的生产、传输及消费将给运营商、硬件商、设备商、内容平台等带来更大的挑战。测试数据显示，4K超清业务的带宽需求为50Mbit/s，而4G网络的平均带宽只有40Mbit/s。8K超清业务对带宽的要求超过100 Mbit/s，只有更先进的5G网络才能满足其需求。

二、倒逼视频往高带宽低延迟技术发展

在视频直播场景中，用户和主播之间的互动延迟可以控制在3秒以内，部分云服务商甚至可以将该数字进一步降低。从用户体验角度来看，视频

直播互动当然是延迟越低越好。对于商家而言，更低的时延意味着有机会刺激更多的冲动消费。

未来，成熟的直播场景并非是一对一互动，而是一对多互动，需要同时满足主播和观众，以及观众和观众之间的互动，这就对带宽容量及时延提出了更大的挑战。

进入5G时代后，高清直播需求将迅猛增长，用户追求更高清晰度的画质、更低的时延。为了迎合这一趋势，苏宁视频在多个方面做了一系列布局。

以前，人们印象中的高清视频普遍是1080P，如今则转变为2K、4K。苏宁意识到5G时代人们对视频清晰度的更高要求后，积极发力8K技术。近两年，苏宁积极研发实时通信技术，尽可能地降低时延、提高接通率。这种同时提供语音和视频信息的实时通信技术，有着非常广阔的发展前景，能够为人们的生产生活带来一系列变革。

三、短视频基于新技术支持的发展空间

5G技术的发展为内容公司带来了新的市场空间。如果说互联网的到来带来了网生内容，移动互联网的到来带来了更多便捷，那么5G网络的到来又能带给我们什么呢？这是内容公司应该关注的要点。对于内容公司来说，5G网络的到来能带来形式更多样、内容更丰富的短视频内容。毫无疑问，在5G网络的支持下，短视频内容的制作将变得更快、更精、更便宜，具体如表9–1所示。

表 9–1 5G 网络支持下的短视频制作

变化	表现
更快	5G网络的流量传输速度非常快，是4G网络的10～100倍，在这种高速传输网络的支持下，人们可以做很多过去想做却做不到的事情，例如利用5G网络在云端制作一部高特效的科幻电影，将它的制作周期由两年以上缩短至两个月之内。5G网络支持的云端拥有超快的传输速度、超强的计算能力以及超大的存储容量，这些优点都能给电影制作带来极大的帮助
更精	5G时代的到来加速了4K的普及，同时也加快了8K进入民众视野的速度。从4K到8K是在画面品质上的升级，这种转变可以带来不一样的玩法和体验。5G网络的超高带宽可以承载4K、8K、VR等的超高清视频，可以使视频内容的采集、制作和播放水平获得全面升级，未来，“沉浸式”体验将成为网络视听行业消费的主流趋势。“沉浸式”体验可以让人专注于当前的目标虚拟情境所制造的愉悦感和满足感，忘记或完全忽略真实世界中的情境
更便宜	5G技术可以使网络传输速率大幅提升，给人们带来超值的运用体验。在5G场景下，视频传输将大规模代替纸质传输，极大地降低内容传输成本。当视频传输像文字传输那样便宜的时候，各种网络应用就可以共生共荣，使内容传播平台变得更加丰富，而平台的丰富必定会促进内容的丰富

5G+AI：构建全新的内容生态圈

据艾瑞市场咨询有限公司发布的数据，短视频行业历经八年时间的发展，已经进入商业化的成熟期，预计到2020年，短视频市场的收入将达到2110.3亿元。在移动互联网红利期逐渐消退的时代，短视频的流量依然在不断扩张，吸引了大量目光。

近几年，越来越多的重大社会新闻往往是先通过短视频进入公众视野，因为没有什么比现场实时画面更具说服力。目前，短视频几乎成为新闻资讯平台、网络视频平台、社交媒体等各种内容平台的标配。除了抖音、微视、秒拍、西瓜视频、火山小视频等专业的短视频平台，用户还可以在微博、微信、今日头条等内容平台获取丰富的短视频内容。

一、AI和5G双向加持短视频

短视频快速增长的背后也存在很多问题，例如内容同质化现象严重、存在版权问题、内容低俗等，如何在充分释放短视频行业活力的同时，对其进行有效引导与规范，是我国短视频行业面临的一个重要问题。

为了满足用户需求，短视频内容平台除了为用户提供关键词及分类搜索，还主动为用户推荐信息，也就是通过数学模型建立推荐算法，帮助用户筛选其感兴趣的信息。但问题在于，这种方式容易让用户陷入“信息茧房”，影响其对事物的判断能力。

抖音、快手作为短视频领域的两大领军者，日活跃用户量已经达到亿级，用户每日分享的短视频数量也达到了千万级，想要让平台用户获得更好的内容体验，需要充分利用AI、5G、大数据等技术，帮助内容生产者以更低的成本生产更多优质内容。与此同时，抖音、快手等短视频平台还要做好内容分发工作，在满足用户需求的同时传播正能量内容，帮助用户培养健康的生活方式，树立正确的思想观念。

近年来，随着社交媒体蓬勃发展，短信业务逐渐式微。此前，在春节、中秋节等重大节日期间，人们往往会通过短信相互问候。如今，短信问候已经被微信、QQ等社交媒体的图文、语音及视频问候所取代。

2019年6月25日，在中国移动“5G+”发布会上，中国移动董事长杨杰表示，2019年中国移动在全国建设了超过5万个基站，在超过50个城市实现了5G商用服务。2020年，中国移动将在全国所有地级以上城市提供5G商用服务。

进入2019年之后，中国联通和中国电信的5G布局进程也明显加快。公开数据显示，2019年，三大运营商在5G领域投入近3000亿元，预计在2020年实现全面商用。不仅是运营商，芯片厂商、终端厂商、电信设备制造商等各方都在为5G商业化而努力。

进入5G时代之后，人们对移动网络和Wi-Fi网络的感知差异将明显降低。人们在各种场景中获取网络服务时，能够实现移动网络和Wi-Fi网络的无缝过渡，去除切换网络、输入密码等不必要的环节，可以随时随地从互联网中获取各类优质内容。

整个人类社会将因为5G的全面商用而改变，人们将获得更先进的沟通工具，为信息和资源的高效流通与配置提供强有力的支持。在这种背景下，"短视频+"将在新媒体融合创新中扮演非常重要的角色。与单纯的短视频传播相比，"短视频+"为品牌商提供了更多的利润增长点，支持品牌商通过"短视频+广告""短视频+电商"等方式推动产品销售和品牌建设。

二、构建全新的短视频内容生态圈

事实上，不仅是国内市场，美国等发达国家的互联网企业也将短视频作为一项战略性业务，Facebook、Twitter、YouTube等国际互联网巨头都在积极布局短视频。进入移动互联网时代后，手机性能和网络速度不断提升，网络资费不断下降，为短视频产业的发展提供了巨大推力。尤其是4G和Wi-Fi的覆盖，极大地增强了人们在移动终端消费短视频的意愿。进入5G时代之后，更快的网速、更高清晰度的内容等，将进一步释放人们对短视频内容的消费需求。

随着政府部门对短视频行业的监管力度逐渐加大，短视频行业通过低俗、猎奇内容博眼球的野蛮增长时代逐渐成为过去。内容布局是短视频内容平台崛起的根基。从长期看，平台方关注的重点应该是完善内容生态，引导用户生产好玩有趣、高质量的个性化内容，这样才能连接更多品牌商、广告商等，建立起强大的核心竞争力。

除短视频内容平台外，内容创作者也是推动短视频行业发展的重要力量。很多内容平台为了吸引优秀的内容创作者推出了一系列扶持计划，从资金、流量等方面对优秀创作者给予支持。因此，短视频内容创业的前景非常值得期待。

不过，短视频行业在盈利模式探索方面仍存在一定问题，目前，最主流的变现方式仍然是短视频广告。相比于短视频广告，“短视频+电商”、内容付费等盈利模式尚未成熟，创造的商业价值相对有限。想要解决盈利问题，不仅需要短视频内容平台方的努力，还需要政府部门、科技企业等积极贡献力量。

5G短视频时代的营销机会

移动通信技术的快速发展引发了广告业的一系列变革。从2G到4G，广告传播从简单的图文转变为视频和直播。尤其是短视频广告凭借较强的移动性、互动性、原生性等优势受到了企业界的一致青睐。随着5G商业化进程日渐加快，短视频广告发展速度进一步加快，为商家以更低的成本获取广大用户支持与信任提供了广阔的想象空间。

一、网速提升，增加观看时长

5G网络的优异性能为短视频社交应用的发展壮大奠定良好基础。在这种情况下，短视频关键意见领袖（KOL）及广大用户将对短视频社交应用形成更强的依赖性。KOL将获得更先进、丰富的短视频制作工具，例如5G智能手机、可穿戴设备等，从而为用户创作更多高质量的短视频作品。短视频制作难度的降低，将使更多用户参与内容生产。

与此同时，进入5G时代之后，单位流量成本将进一步降低，用户在没有免费Wi-Fi的场景中也可以观看、传播短视频内容。而短视频KOL和广大用户在短视频社交应用使用时长、频率、黏性等方面的提升，将促使品牌商对短视频营销更为重视，形成各行业各品牌在短视频营销领域百花齐放的良好局面。

5G可以为用户提供急速互联服务。5G网络传输效率高、时延低，能够让用户随时随地获取海量高清视频资源，进一步刺激人们在乘公交、排队付款等碎片化场景中的短视频消费需求。奔驰、支付宝等知名品牌商为了迎合这一趋势，在短视频营销领域投入了大量资源和精力，对其产品销售、品牌曝光等提供了强有力的支持。毋庸置疑的是，这将产生强大的示范作用，吸引越来越多的品牌在短视频营销领域布局。

二、体验真实，刺激购买需求

5G将彻底解决高清短视频内容传输问题，推动素材搜集、生产、播放等环节改造升级，催生更多元化的消费需求。5G可以快速传输4K、8K超高清视频，让用户在观看短视频时获得更强烈的感官刺激。

5G作为一种极具颠覆性的高新技术，将有力地促进短视频生产、传播、消费等方面的革新，极大地增强广告展示效果，让消费者沉浸在更具真实性、体验感的广告画面中。例如，在5G的支持下，广告商可以利用AR、AI等技术打造360度智能场景，让消费者足不出门就可以体验“真实”的产品，感受到强烈的感官刺激。

在5G网络环境下，用户可以获得更良好的短视频观看体验，建立对品牌的信任，有助于品牌商沉淀大量忠实粉丝。短视频广告将展现出强大的交互性、实时性，让品牌商在更短的时间内和消费者建立信任关系，刺激更多的购物消费和口碑传播。

三、内容优质，推动良性发展

具有更高清晰度、互动性、时效性的5G短视频，将极大地增强美妆、教育、美食、快消、服饰等诸多领域品牌的展示效果。以美妆为例，在4G网络环境下，因为网速和带宽限制，美妆KOL向粉丝展示某化妆品时，很多细节无法展现出来，对推动产品销售和品牌曝光造成了一定的负面影响。

而在5G网络环境下，这些问题将得到有效解决，产品功能、材质以及品牌形象等可以通过短视频完美地呈现出来。同时，美妆KOL可以通过超高清视频直播向粉丝分享描眼线等美妆技巧，并和粉丝进行“面对面”般的交流沟通，进一步提高自己的影响力，帮助与之合作的美妆品牌创造更高的营销转化。

内容向来是广告的重中之重，短视频广告同样需要优质的内容作为支撑。从实际情况来看，优质短视频内容是非常稀缺的资源。同时，消费者审美疲劳以及需求的动态变化，将进一步加剧优质短视频内容稀缺问题。

进入5G时代之后，短视频内容生产、传播门槛将进一步降低，从而吸引更多的内容生产者参与短视频内容创作，逐渐形成内容平台、KOL、品牌商、MCN机构等多方参与的短视频生态圈。

虽然5G网络环境下的短视频为品牌商创造了巨大的想象空间，但消费者需要的是高质量的短视频内容。因此，品牌商在做短视频营销时，需要做到专业化生产、定制推荐、精准投放、精细化运营，这样才能为目标用户创造良好的消费体验，实现营收与口碑双丰收。

Part 4

智 能 商 业

第10章
智能教育：AI驱动个性化学习模式

AI+教育：互联网的颠覆

根据Technavio发布的人工智能和教育产业的研究报告，预计到2020年，全球AI+教育的市场规模将达到10500万美元。目前，AI+教育行业可谓是“山雨欲来风满楼”。业内企业与机构纷纷看到了AI+教育广阔的发展前景，将在政策支持下开启新一轮投资热潮。但实际的教育应用尚不成熟，还需要3～5年的时间才能达到理想程度。

在AI+教育投资风潮下，不少业内人士呼吁教育机构与企业不要盲目跟风，要关注教育的本质。2017年国务院印发了《新一代人工智能发展规划》(以下简称《规划》)，明确提出要“建立以学习者为中心的教育环境，提供精准推送的教育服务，实现日常教育和终身教育定制化”。在《规划》的指导下，教育机构引入AI技术，立足于提升学习效果，不断优化数据，完善产品的推荐功能，真正实现个性化教学。

一、互联网的颠覆

互联网的伟大之处在于颠覆，如互联网电商颠覆传统商业一样，互联网教育也将颠覆传统教育。除内容和人之外，互联网教育还加入了模式、产品等维度的竞争。只有在新的竞争维度中，教育才有可能打破原有的行业壁垒。

虽然互联网教育在内容及模式方面做了很多探索，但脱颖而出者寥寥无几。很多在线教育机构只是将线下的教育模式搬到线上，通过“直播+录播”构建了一个比较成熟的在线教育模式。有些在线教育模式更成熟一些，加入了社交元素、在线分享与互动环节，但远远没有达到令人惊喜的地步。

现阶段的互联网教育只是一味地堆砌内容，简单地复制线下。而互联网不仅能解决连接方式的问题，还能解决习惯、效率、技术等方面的难题。谷歌就是认识到了这一点，才创造了PR算法①，摆脱了人工干预，将互联网的能量释放出来。

在互联网教育方面，人工智能只能解决眼前的问题。未来，面对海量数据的分析与处理，人类会变得力不从心，人类与智能就会产生双向分工。人类负责解决个性化纵向问题，智能负责处理海量数据，根据算法完成海量操作，为人类提供更好的教学策略。

二、技术才是变革的本源

在互联网教育发展初期，因为一切都处在探索阶段，没有形成清晰的模式，最稳健的方式莫过于专注课程内容。目前，主打课程内容的MOOC（Massive Open Online Courses，大型开放式网络课程）模式发展迅速，成果显著，在国内掀起了一股MOOC风潮。同时，知识图谱的应用使学习效率有了大幅提升。知识图谱可以对结构化的知识进行优化处理，将其细化到每个单元、每个知识点，通过层次结构与映射关系帮助学生找到最优的学习路径。

当然，人类也可以对结构化的知识进行处理，但对于职业教育等非结

① PR值是谷歌排名运算法则的一个重要参数，主要依据它来标识网页的等级/重要性。PR分11个级别，即0～10级，10级为满分。刚启用的网站PR是0，随着网站权重的增加，PR会有所变化，PR值越高说明该网页越受欢迎。

构化的知识，只能依靠人工智能对其内在关系进行挖掘，对内容进行精准匹配。因为非结构化知识涵盖的维度不同，需要通过数据挖掘和机器学习构建知识库。据了解，目前，国内已经有教育机构开始着手打造专家知识系统，创建学习系统的底层，将学生的学习过程数据化，利用算法进行机器挖掘，试图打造集社交、教学、学习、反馈、知识库、排序推荐等功能于一体的自动化智能系统。

在互联网教育发展的过程中，技术是核心驱动力。对于互联网教育来说，虽然人工智能处在弱人工智能阶段，但应用于互联网教育，推动互联网教育发展仍绰绰有余。

关于人工智能技术在教育领域的应用，有观点认为，随着产业化水平不断提升，行业头部能力会转变为行业通用能力，人工智能在整个素质教育领域都存在机会。也有人持相反观点，认为教育信息化就是教育发展的核心引擎，而人工智能教育产品的基本功能就是解决教育资源分配不均问题，开展个性化教育，提高学生的学习效率与核心素养，全方位培养和塑造人才。此外，还有人持中性观点，认为AI+教育会顺应教育行业的发展需求，如果中国教育以素质教育为主，AI应用就会聚焦素质教育；如果中国教育仍是应试教育，AI应用就会停留在应试服务阶段。

AI时代的学习空间变革

在历经多次起伏之后，人工智能又迎来了新一轮研究热潮，人工智能时代离我们越来越近。为了适应人工智能时代的发展需要，很多行业都在变革，教育也不例外。人工智能时代的教育更加注重培养学习者的高阶思维能力、信息素养、社会交互能力等，教学形态将发生重大变革，例如，教学理念将更加倾向于全纳教育（Inclusive Education），教学方式将转向精准教学，师生关系将变得更加平等，教学内容将实现定制化，教学组织形式将更加灵活，等等。

为了实现上述教育目标，需要对学习空间进行变革、重构。人工智能时代的学习空间不仅要具备灵活性、智能性、开放性、人性化等特点，还要具备包容性、协同性、多样性、层次性。为了构建这样一个学习空间，我们要从空间规划、陈设、物理环境与服务、智能技术整合四个层面切入进行设计。

具体而言，人工智能时代，教育学习空间将面临以下几个方面的变革，如图10-1所示。

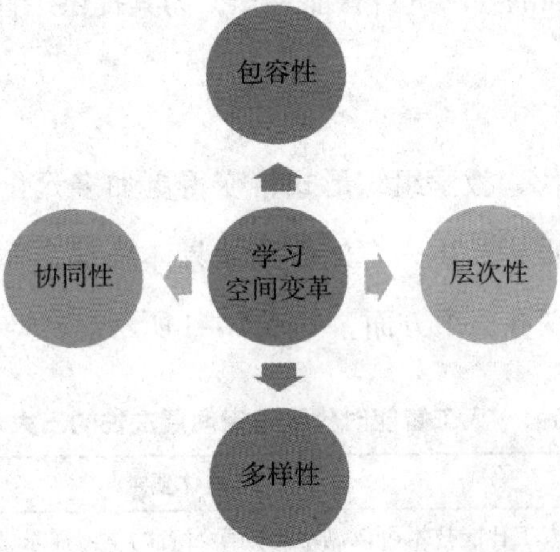

图 10-1 人工智能时代学习空间的四大变革

一、包容性

人工智能时代的教育理念将转变为全纳教育，在学习过程中，不同种族、不同学习基础、不同身体条件的学习者都能得到个性化的学习支持，实现充分发展。为了迎合这一教学理念，学习空间必须具有包容性，也就是说，学习空间中的环境、家具、设施、技术等要充分考虑不同类型的学习者的学习需求，通过有针对性的设计，借助人工智能技术满足他们的需求。

如果将传统教室、目前的学习空间、人工智能时代的学习空间进行横向比较就会发现：过去那种整齐划一的教室正在改变，学习空间开始强调人性化、个性化，开始注重学习者的体验。面向人工智能时代的学习空间的相关理念已经开始对实践产生影响。

但是，现阶段，因为技术水平有限，学习空间只能支持调节座椅高度、调节空气温度与湿度、改变内部陈设的色彩等，无法满足学习者的多元化要求，更无法为学习者的个性化学习提供支持。随着人工智能技术不断发展与应用，全纳教育理念有望真正落地，使不同类型学习者对学习环境、学习设备、陈设家具等方面的要求进行智能感知，为其提供个性化的学习服务。

二、层次性

在人工智能时代，教学组织形式将变得更加多元化，可能出现混龄教育，对学习空间的重构产生一定的影响。具体来看，人工智能时代学习空间的层次性主要体现在三个方面，如表10–1所示。

表 10–1　人工智能时代学习空间层次性的三大表现

层次性的表现	具体要求
空间规划与布局具有层次性	因为人工智能技术可以满足不同学习者的学习需求，所以在人工智能时代，一个学习空间有可能同时开展不同类型的教学活动，为了满足这一要求，就必须对学习空间进行分区，将一个空间划分成不同的层次
设施与陈设具有层次性	虽然在人工智能技术的支持下，桌椅高度、内部色彩、设备大小等可以调节，但还有很多基础设施无法调节。所以，为了满足同一个空间不同学习者的需求，内部设施与陈设也要体现出层次性
学习资源与学习内容具有层次性	如果出现混龄教育，一个学习空间中的学习者所需的学习内容与资源就会出现明显区别。为了满足学习者多元化的学习需求，学习空间必须为其提供不同层次的指导与帮助，这就需要对学习内容与学习资源进行分层

三、多样性

学习空间的多样性指的是在环境、桌椅、空间规划与布局、技术支持等方面呈现多元化的特征。学习空间是教、学活动发生的主要场所。在设计学习空间时，设计人员不仅要考虑学习空间能否支持整个学习过程，还要关注学习者对学习空间的要求。人工智能有能力满足不同的学习者对学习空间的个性化要求，可以为学习者提供定制化的空间环境、学习支持。在这种情况下，人们对学习空间的传统印象将被彻底颠覆。

在人工智能时代，传统的“千人一面”的教室将发展为“千人千面”。在这个智能化的学习空间里，学习资源与学习内容将实现智能推送，教育机器人将对学习者的学习过程进行智能监督，温度、湿度、照明将根据学习者的要求进行调节……在人工智能技术的支持下，学习空间将越发个性化、温馨化，所有这些感官上的表现都会体现为空间的多样性。

四、协同性

协同性指的是教师、学生与学习空间中的各个要素协调、协作，共同实现教学目标。具体来讲，在人工智能时代，学习空间的协同性主要体现在三个方面，如表10–2所示。

表 10–2 学习空间协同性的三大表现

协同性的表现	具体要求
学习空间内部要素与外部要素协同	在新一代信息技术的支持下，人工智能发展进入一个新的高峰期，人工智能技术将与其他新兴技术协同，构建一个新的学习空间。在这个学习空间中，物联网、智能感知系统、学习支持系统收集的信息经过大数据处理与分析后，将交给人工智能认知、决策、执行，之后将由云计算以服务的形式交给用户。在这个过程中，教育机器人与智能学习环境保持密切联系，实时获知学习者需求，为学习者提供帮助

续表

协同性的表现	具体要求
教师与人工智能协同	在这个过程中，人工智能将成为教师的助手。虽然，在短期内，人工智能无法代替教师，但在某些领域，智能学习系统、教育机器人的决策能力、执行能力已经可以和人类教师媲美。这些人工智能应用融入教学过程，可以在更大程度上提高教学效率与质量
学生与人工智能协同	在协同的过程中，学生可以培养核心素养。在此模式下，人工智能可以充当学习者的学习伙伴

智能化学习环境的设计路径

智能化学习环境设计需要做好三个方面的工作，分别是空间规划、物理环境与服务、学习空间陈设，如图10-2所示。

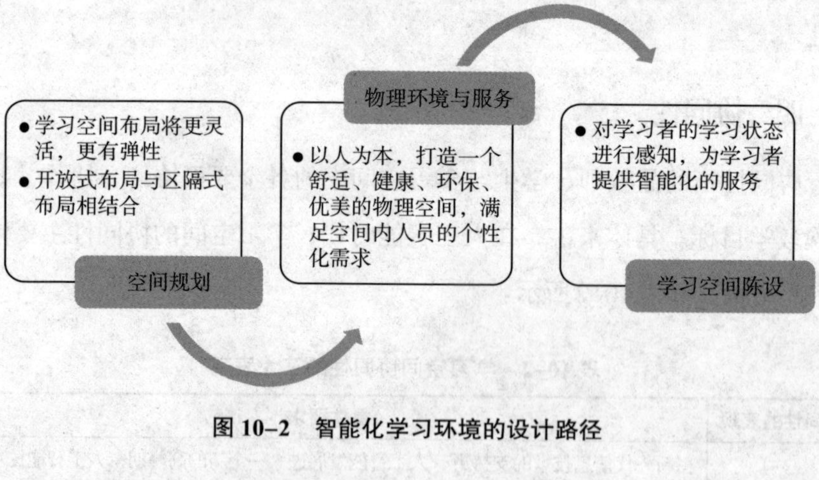

图 10-2　智能化学习环境的设计路径

一、空间规划

空间规划指的是对学习空间的平面形状与空间布局进行规划设计。受建筑规划的制约，为了保证学习空间的使用率、采光效果，大部分学习空间都是矩形。进入人工智能时代之后，学习空间布局将向两个方向发展。

第一，学习空间布局将更灵活、更有弹性。随着教育目标的重心发生转移，将有越来越多的教学组织形式与教学方法在学习空间中得到应用，例如实验教学、自主探究学习、传递式或接受式教学、基于项目的教学、基于人机协同的合作学习等，这些教学方式可以随时切换，对学习空间的布局提出了极高的要求。在这种情况下，创造更灵活、更有弹性的学习空间就成了必然选择。

第二，开放式布局与区隔式布局相结合。混龄教育也好，个性化学习也罢，都要求学习空间布局具有层次性。为此，可以通过软隔断、空间形状自然形成的隔断创建一个相对独立的空间，支持不同类型的学习活动在同一个学习空间同时开展，减少异步学习过程中学习者之间的相互干扰。

二、物理环境与服务

传统教室要求统一有序，而学习空间则希望创建一个以人为本的学习环境，带给教师、学生更优质的体验。通过人工智能技术与物联网技术相融合，不仅可以打造一个舒适、健康、环保、优美的物理空间，还可以让空间环境具备定制功能，满足空间内人员的个性化需求。

> 例如，在温度定制方面，麻省理工学院的研究人员开发了一套“局部变暖”系统，可以在个人周围创造一个个性化的气候环境。人进入房间之后，系统会通过一种全新的基于Wi-Fi的定位跟踪技术确定人的位置，然后将人的位置信息发送到动态加热元件阵列中，通过加热元件实现局部加热。一个加热元件由以下几部分构成，分别是可

变换方向的伺服电机、可产生红外辐射的灯泡、冷光镜与其他光学装置等。随着这项技术进一步发展，未来，每个人都可以通过手机控制周围的温度。甚至，人工智能有可能通过对人进行识别，自动对其所处区域的温度进行调节，让人时时处于舒适状态。

在个性化照明方面，Goldee公司研发了一个个性化照明系统——Light Controller，该系统预设了几个照明主题，用户可以自由选择。而且，该系统支持手势识别，用户可以通过手势选择照明主题。更有趣的是，Light Controller可以通过传感器对用户的使用习惯进行收集，将收集到的信息交给Goldee云服务器进行处理，系统可以根据处理结果对用户的照明行为进行预测，及时为其提供所需的照明主题，实现个性化照明、智能化照明。

Smart Mat是一款智能门垫，里面放置了压力传感器，可以通过压力判断门垫上方“物体”的重量，甚至可以对门垫上方“物体”的行动轨迹与云端数据进行匹配，对其做出精准识别，为其提供智能服务，例如个性化照明等。

在个性化色彩方面，Kinestral研发了一款智能着色玻璃——Halio Glass，可以通过触发化学反应的电荷对光的传输量与传输颜色进行控制，让人们可以通过开关、桌面应用程序、移动App、语音等多种方式自由设定光的颜色。Halio Glass可以为用户提供50种深浅不同的灰色，创建具有多种用途的学习空间，根据学习需要为学习者创造不同的学习情境，提供不同程度的隐私保护。

由此可见，个性化气候、个性化照明、个性化色彩等应用最终的落脚点都是满足学习者多元化的学习需求。在人工智能技术的支持下，个性化的物理环境与服务将真正与学习空间相融。

三、学习空间陈设

学习空间的陈设主要是课桌椅、移动讲桌等家具。在智能化学习环境中，为了适应不同学习者的需要，课桌椅的颜色、高度可以自由调节。同时，人工智能技术与家具结合还能对学习者的学习状态进行感知，为学习者提供智能化的服务。

> Robotbase开发了一款智能办公桌——Autonomous Desk，使用者可以通过App对办公桌的高矮、桌面与框架的颜色进行调节。更有趣的是，这款办公桌可以根据使用者的使用行为与习惯，自动调节对桌子的属性，为使用者创造一个更舒适的办公条件。例如，Autonomous Desk可以通过机器学习预测用户会在哪个时间段站起来工作，将桌面颜色调为蓝色。到了这个时间之后，Autonomous Desk就会自动升高并将颜色调为蓝色。

人工智能技术与传统家具结合不仅可以提高学习者的体验，还能通过感知学习者的生命体征对学习者的学习状态做出判断，有针对性地为学习者提供建议。目前，应用于教育领域的这类产品非常少，健康领域倒是出现了一些比较成熟的产品，例如LUMOback、UpRight、长颈鹿朋友等。

综上所述，人工智能与陈设相融合将为教育注入新活力。未来，可以满足学习者个性化需求的智能调节桌椅，可以感知学习者生命体征并给予合理化建议等类型的产品将不断出现，学习空间的智能化陈列也将成为现实。

个性化的“教”与“学”

进入人工智能时代之后，将有更多智能元素融入学习空间。因为这些智能陈设、智能设备、环境控制设备来源于不同的厂商，如何通过统一的接口将这些设备连接在一起，创造一个真正智能化的学习空间是必须解决的问题。解决这一问题的关键在于对智能技术进行整合。

在整个技术生态中，云计算的主要任务是存储、统筹与计算，大数据的主要任务是数据采集、处理与分析，人工智能的主要任务是感知与认知，提供智能化的学习服务（见图10–3）。

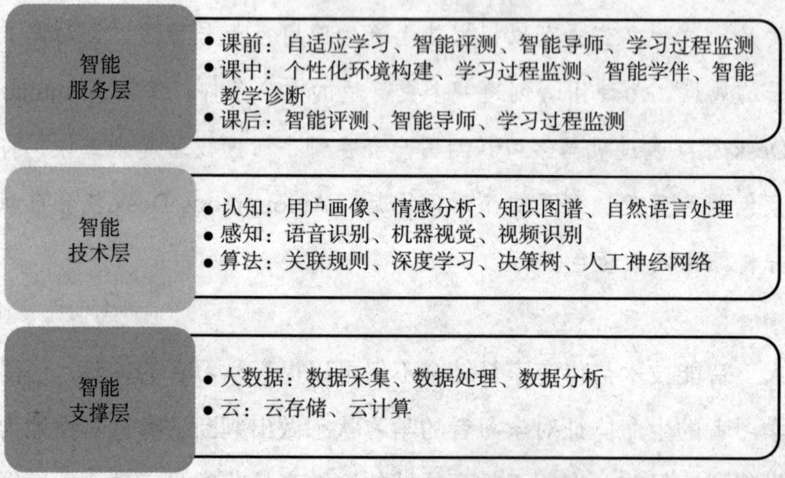

图 10–3　智能学习空间的一般技术架构

从目前的发展形势看，大数据、机器学习、高计算能力是人工智能必备的几大技术，无论哪项技术都无法由一所学校单独提供。所以，人工智能教育生态的构建必须通过区域联合实现。在这个过程中，拥有超强数据运算能力，掌握着先进人工智能技术的大企业将发挥至关重要的作用。学习支持系统将被“百度大脑”“教育大脑”替代，百度、阿里巴巴等大企业将成为教育智能服务的提供者与整合者。

为了便于理解，我们以一节人工智能课堂为例，从课前、课中、课后三个环节对人工智能技术在学习空间的整合应用进行分析。

一、课前环节

课前，教师将本节课的学习内容告知人工智能。人工智能获取学习内容之后，与知识图谱相结合，根据每个学生的实际情况为其定制个性化学习路径，自动生成个性化的课前学案，并利用自然语言处理技术、语音识别技术、图像识别技术对学生的预习情况做出评判，发现学生的薄弱点，为其提供个性化反馈，为课中的正式学习奠定良好的基础。

例如，在英语听说课上，人工智能通过语音识别技术对学生口语发音进行识别、判断，纠正不准确的发音。另外，通过这个环节，人工智能还能对学生在课中学习阶段可能遇到的问题进行预测，及时为教师提供教学策略，辅助教师合理地安排课程内容，提高教学质量与效果。

二、课中环节

人工智能技术对课中环节的整合表现在四个方面，如图10–4所示。

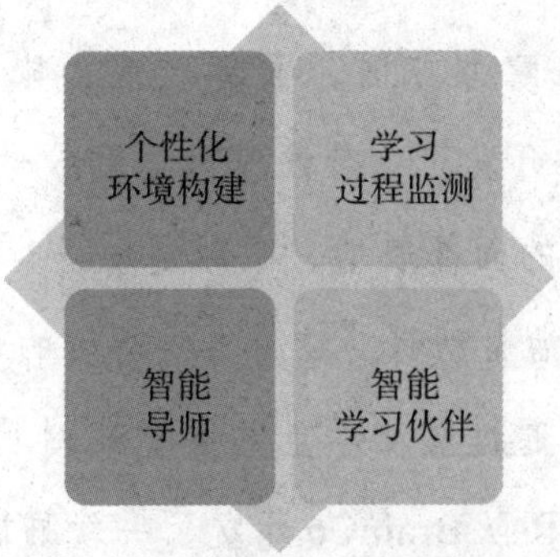

图 10–4　人工智能技术对课中环节的整合

（1）个性化环境构建。通过分析学生在课前环节的表现，人工智能技术可以判断学生的层次，对学生进行分组，开展分层次教学。“教育大脑”会将教师、学生的行为习惯记录下来，利用人脸识别或语音识别技术识别教师与学生，向周围的智能设备发送指令，并将周围环境的湿度、温度、光照、色彩、课桌椅高度等自动调节到教师或学生喜欢的状态，从而实现对学习空间的个性化定制。

（2）学习过程监测。在教学过程中，教师可以利用情感技术监测学生的学习过程，将监测数据上传到“教育大脑”，由“教育大脑”对学生的学习状态、注意力状态进行评判，为评估学生的课堂表现，改进教学策略提供依据。为保证监测效果，需要用到很多技术，例如声音监测、面部表情监测、眼动监测、脑电图监测、心率监测、皮肤电导监测等。

麻省理工学院的桑迪·彭特兰（Sandy Pentland）团队开发了一个“智能徽章”，不仅可以对佩戴者进行实时定位，还可以对其他佩戴者的位置进行追踪，并通过对佩戴者声音的分析获知其情感。如果这项技术应用于课堂教学，学生统一佩戴“智能徽章”，一旦不专心听讲徽章就会发出信号以引起教师的注意。

在判断学生注意力方面，面部表情、眼动情况是很好的依据。LCA Learning公司开发了一款注意力监测软件——Nestor，可以利用网络摄像头对学生的面部表情、眼球运动进行分析，借此判断学生是否在专心听讲，然后自动针对没有专心听讲的学生生成测试题。

此外，还可以通过监测学生的脑电波对其注意力水平进行判断。哈佛的中国留学生团队BrainCo开发了一款脑机交互应用——Focus1，该产品可以利用学生在前额与耳后佩戴的传感器对学生的脑电波进行捕捉，通过脑电波分析对学生的注意力水平做出判断。

（3）智能导师。智能导师可以根据教学场景有针对性地为学生提供服务，所以在未来的课堂教学中，由智能代理、教育机器人组成的智能导师系统有可能成为一种常态化应用。例如，在小组协作的过程中，智能导师系统可以担任监督者、协调者，一旦发现学生的注意力发生偏移，立即对其进行引导。同时，智能导师系统还可以在教师讲课的间隙，根据监测结果给予教师一些建议，从而保证整节课堂的教学效率。

（4）智能学习伙伴。在自主学习、协作学习环节，智能学习伙伴可以发挥积极作用。例如在小组协作学习的过程中，智能学习伙伴可以作为虚拟成员参与其中，根据自适应组队的结果开展智能协作与评估，保证小组协作学习效果。

三、课后环节

课程结束之后，“教育大脑”会对传感器与在线学习平台上的各项数据进行搜集、整合、分析、计算，对学生的疑惑点进行合理推断，制定个性化的辅导方案，然后通过云服务将学习资源、学习建议等推送给学生，对学生的作业进行智能测评，对学生的学习效果进行智能检验。“教育大脑”会在对学生的课堂表现、教师的教学过程进行综合评估之后，以智能化的方式向教师反馈教学内容与教学方法，为接下来的教学活动提供科学的建议与指导。

第11章

智能医疗：AI医疗模式的实践路径

AI+医疗：巨头与资本的盛宴

近年来，随着人工智能快速发展，该行业的职位需求明显上升，但相关人才存在严重缺口，专业人才资源供不应求。在这种情况下，许多实力型科技企业就人才资源展开了激烈竞争。

与美国等西方发达国家相比，我国人工智能行业的人才缺口更大，人才资源供不应求的问题更为严重。为了招揽人工智能专业人才，腾讯、百度等国内企业在美国硅谷开办研究院，参与到国际人才市场的竞争中。近两年，世界各国的互联网科技企业都在积极开发人工智能技术与产品，其中不乏取得显著成就者，这些企业在人工智能领域的布局也推动了整个行业的发展。

就整体而言，目前AI医疗产业还处于探索阶段，但随着大量资本涌入，不少创业企业都已经成功融资。当前，越来越多的企业提高了对智能医疗的重视程度。有人认为，相较于智能投顾、安防领域，人工智能在医疗领域的应用落地时间应该会更早一些。之所以会得出这个结论，主要出于以下两方面考虑：首先，包括深度学习、图像识别等在内的核心技术的发展带动了人工智能技术水平的提高。在技术驱动下，人工智能在医疗领域逐渐得到了深度应用。其次，现代社会面临着日益严重的人口老龄化问题，人们更加注重健康管理，使得健康管理、医疗技术发展、寿命延长等方面的市场需求不断增多。但现实情况是，医疗行业发展过程中存在许多挑战，例如，药物研发、人才培养耗资巨大，新药研发周期长，资源配置不合理，等等。现代社会对医疗产业提出了更高的要求，促使医疗产业积极寻求变革之路。

一、国外巨头的AI+医疗布局

IBM（International Business Machines Corporation，国际商用机器公司）于2006年着手布局Watson项目，2014年创建Watson事业集团。Watson技术平台利用机器学习与自然语言处理技术，能够对非结构化数据进行深度处理，寻找数据之间的联系，将零碎的知识整合到一起，通过对比、分析、论证等提取数据中有价值的信息，为企业决策提供精准的参考。

沃森健康（Watson Health）是苹果联手IBM于2015年推出的云健康医疗项目，该项目基于认知计算系统，服务于医疗健康企业。通过与癌症中心建立伙伴关系，Watson得到了海量数据支持，能够获得足够的病理信息、医学文献、临床知识等，在数据分析的基础上，推出临床辅助决策支持系统。

该系统可以在糖尿病、肿瘤等疾病的诊断及治疗中发挥重要作用，已在2016年被我国引进，得到了多家医院的应用。Watson对人工智能医疗行业的布局取得了一系列成就，表明该领域的发展进入了认知型医疗阶段。人工智能在医疗行业的应用既能减少诊断失误，又能为癌症患者提供更具针对性的治疗方案。

与此同时，谷歌、微软等科技巨头也已经进军智能医疗领域。其中，谷歌于2014年将人工智能企业DeepMind纳入麾下，开发出人工智能程序AlphaGo。2015年，谷歌的人工智能平台TensorFlow成为开源项目，在深度学习方面为许多企业提供了有力的支持。谷歌收购DeepMind后成立DeepMind Health，该部门与NHS（National Health Service，英国国家医疗服务体系）达成合作，获得后者提供的病人信息，基于数据分析与处理，在脑部癌症识别领域展开了探索。

微软推出人工智能医疗项目Hanover，聚焦于预测各类药物对癌症的治疗效果。除Hanover之外，微软还在AI医疗领域展开了多方布局。例如，微软的Biomedical Natural Language Processing系统可以基于人工智能技术整合电子病历及医学文献中的资源，在疾病诊断及医疗方案制定方面发挥辅助作用。

二、国内巨头的AI+医疗布局

国内实力雄厚的科技企业也在积极开发AI+医疗，并在该领域投入许多优势资源。而在具体发展过程中，不同企业采用的开发方式又存在一定的区别。

阿里巴巴于2017年发布机器学习平台PAI2.0，基于阿里健康云平台提供的海量医疗数据形成独有的技术及资源优势。在布局人工智能医疗的过程中，阿里巴巴还联手多家医院，与专业的医学影像中心合作，集中精力发展智能诊断平台，用于对医学影像进行识别、重建与诊断。

腾讯的人工智能实验室AI lab于2016年正式亮相，这是腾讯在人工智能技术开发与应用方面的重点布局。此外，腾讯还在产品、投资等领域进行了多维度的探索。

阿里云ET与科大讯飞参与了肺结节检测领域权威的国际评测LUNA，

并先后刷新世界纪录，体现了我国在人工智能医疗方面的竞争优势。其中，科大讯飞的医学影像辅助诊断系统凭借92.3%召回率荣登世界榜首。在所有的肺结节样本数据中，参与方能够识别的结节比例即为召回率。这个指标代表着系统测评诊断的精确程度，召回率高说明系统能够成功收集大部分核心数据。为了提高召回率，科大讯飞利用人工智能中的深度学习技术全方位获取信息，并通过结节分隔搭配使用特征图减少医生重复检测情况的出现。为了提升诊断效率，科大讯飞借助3D CNN模型对特征图进行分析，在实施预训练的基础上进行检测，加快对薄层CT的数据分析。

路径1：AI虚拟助理

人工智能可以在医疗行业的诸多方面得到应用：从就诊流程来看，人工智能可以应用于诊前、诊中、诊后三个环节；从应用对象来看，人工智能可以为医院、检验机构、医生、患者、药企等提供服务。人工智能的应用既能够帮助医疗行业强化成本控制，也可以提高整体的诊断效率。

医疗领域的虚拟助理是一个智能化的信息系统，能够利用自然语言处理技术、语音识别技术与病人互动，从中提取病人的病情信息，运用专业的医学知识，满足病人的信息咨询需求，并在导诊环节发挥辅助作用。

从应用对象来看，人工智能既可以为医生提供辅助，又可以为用户提供服务。对于医生来说，人工智能在问诊方面发挥着重要的作用。国内分级诊疗在发展过程中面临着诸多问题，包括医疗设备不完善、全科医生资源短缺等。人工智能在基层医疗的应用，能够对常见疾病进行准确诊断，并能够完成对重大疾病的监测任务，提高基层医疗的转诊效率，帮助基层医生更好地完成疾病诊断工作。

对于用户来说，人工智能的应用能够在导诊、医疗咨询方面为其提供高质量的服务。如果用户察觉身体不舒服但并无大碍，无须专门到医院咨询专业的医生，可以通过与人工智能虚拟助手进行互动获得咨询服务，并在其指导下服用非处方药。

近两年，国内外不少AI医疗企业开发的智能预问诊系统进入实际应用阶段。预问诊系统具备基础的问诊功能，能够利用自然语言生成技术、自然语言理解技术、机器学习技术与用户进行双向交互。预问诊系统可以指导病人提供自身的病情数据，按照统一的标准将其制作成门诊电子病历，为医生的正式问诊提供有效参考。

在实施问诊的过程中，智能预问诊系统的工作是按照层次转移的方式展开的。这种架构方式使该系统可以遵循一定的逻辑来获取患者的病情信息，包括既往病史、疾病类型、治疗现状、症状表现等。在完成问诊工作后，预问诊系统还能利用自然语言生成技术制定全面、清晰的问诊报告，按照基本信息、患者主诉、既往病史、过敏史及现病史几个条目，对病人的相关情况进行分类汇总与整理。

不仅如此，医生还可以利用语音识别技术自动生成电子病历，为患者提供导诊服务。很多情况下，外科、口腔科等部门的医生要用双手实施诊疗操作，无法一边提供诊疗服务，一边书写病历。在这种情况下，医生可以利用智能语音录入系统，用语音输入方式进行资料搜索，将病人的相关情况，例如既往病史、检查情况、检查项目、检查结果等以口述的方式描述出来，按照模板生成电子病历，减少在这个环节的时间投入。

在这方面，科大讯飞的讯飞医疗语音转录系统能够将误差率控制在3%以内，而且该系统拥有20多种方言版本，已经在国内多家医院实现应用，例如瑞金医院、北大口腔医院。此外，“晓医”是科大讯飞开发的智能导诊机器人，该产品依托人工智能与语音识别技术，可以与病人进行语言互动，并从互动过程中提取病人的需求，为病人提供导诊服务，例如指引病人找到某个科室，针对病人在就诊过程中产生的疑问提供相应的信息服务，提高分诊效率。目前，科大讯飞的“晓医”导诊机器人已经在多家医院应用落地，例如北京301医院、安徽省立医院等。

路径2：病历与文献分析

电子病历是对传统病历的升级，是以电子化的形式收集、储存患者的病情变化情况，以及患者与医生之间的互动情况，涵盖了检测项目及结果、住院情况、手术情况、医嘱等诸多内容。具体来看，电子病例储存的信息可以分为结构化数据与非结构化数据两种类型。

从医学文献、电子病历中提取有价值的数据，能够为医学研究提供精准的信息参考，并促进新药开发与医疗设备的生产制造。人工智能中的自然语言与机器学习技术能够对不同类型的医学文献、病历数据进行深度处理与分析，以结构化的数据形式完成数据存储与统一管理。我国部分医疗科技企业依据完善的知识架构体系，开发出了用于辅助临床决策的智能系统，在医疗诊断环节为患者提供病情分析、诊疗建议、用药指导等服务。

在打造医疗知识架构体系时，医学研究者要对庞杂的医学知识进行分类提取与整合。在医学知识分类提取方面，过去按照医学词典与传统逻辑方式采用的实体抽取模式已经无法满足现代医学的发展需求。原因在于：一方面，现如今的医学词典无法覆盖所有生物命名实体；另一方面，在语境转换后，词语所代表的实体可能发生变化。所以，传统的文本匹配方式无法对医学实体进行准确识别。

在现代医学实体识别方面，深度学习算法的应用逐渐增多。经过检测发现，BiLSTM-CRF模型比较适用于这一细分领域。一般情况下，来源不同，医学数据的特征也存在很大区别。在进行数据整合时，可以采用SVM分类方法、分类回归树算法等将同类实体整合到一起。

相较于其他行业的数据资源，医疗类业务系统涉及的数据缺乏集中性，且种类丰富、复杂程度高，涵盖临床试验及诊疗数据、区域人口数据、医疗管理数据等。

2017年以来，不少国内企业将大数据技术应用到医疗数据分析领域，推动了精准医疗行业的发展。具体来看，这些企业利用大数据平台提取有价值的医疗数据资源，为国内的临床科研、精准医疗提供支持与助力。

在应用自然语言处理技术的基础上，大数据平台能够对电子病历中的文本信息进行结构化处理，完成句法分析、实体识别等操作，然后借助机器学习技术，结合相关算法模型在临床决策环节发挥辅助作用，从而提高医生决策的准确性。

另外，医学科研人员还可以根据大数据对电子病历的处理结果、疾病规律进行总结，分析不同疾病之间的联系，查询患病根源等，从中寻找具有研究、开发价值的项目。

路径3：医学影像辅助诊断

医学影像提供的数据在所有医疗数据中的占比达到90%，也就是说，医学影像是医疗数据的主要来源。具体来说，X光、PET①、核磁共振设备产生的数据都属于医学影像数据。目前，医学影像数据规模仍在快速增长，但放射科医生的数量增长缓慢，导致很多医院面临着放射科医生资源紧张问题。在这方面，人工智能能够在一定程度上弥补医生资源的短缺。医生可以利用人工智能中的计算机视觉技术对医学影像进行识别，进而提供诊断结果。具体来说，人工智能在这个领域的应用集中体现在以下方面，如图11-1所示。

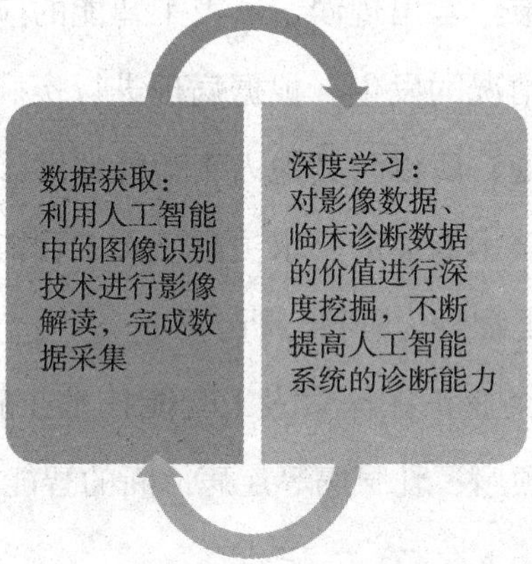

图 11-1 人工智能在医疗影像辅助诊断领域的两大应用

一方面，数据获取，是指利用人工智能中的图像识别技术进行影像解读，完成数据采集；另一方面，深度学习，是指对影像数据、临床诊断数据的价值进行深度挖掘，不断提高人工智能系统的诊断能力。目前，人工

① PET全称为Positron Emission Tomography，译为正电子发射型计算机断层显像，是核医学领域比较先进的临床检查影像技术。

智能在医学影像领域的应用场景主要集中在食管癌、肺癌等疾病的检查方面。此外，一些疾病的病理检查与核医学检查也会用到人工智能技术。

在诊断肺部肿瘤疾病的过程中，人工智能的应用可以分为以下几个环节：在拿到医疗设备提供的影像图片后，通过预处理将干扰因素排除在外，然后采用分隔算法制作肺部区域图像，找出图像中的肺结节区域。在数据收集的基础上，运用卷积神经网络进行数据分析，锁定结节的具体位置，判断肿瘤的良性与恶性。

医学行业对病理的重视程度较高，往往会根据病理因素给出疾病诊断结果。但在具体实施过程中，为了确定癌细胞是否存在，医生需要在病理切片观察方面投入很多时间。由于病理诊断过程非常复杂，容易受到其他因素的干扰，这个环节经常出现误诊。人工智能的应用能够提高病理诊断的准确性，减少误诊情况的发生。根据病理进行疾病诊断不仅要从全局出发，还要具体到细微处，所以与其他人工智能辅助诊断方式相比，病理方面的人工智能应用对技术专业的要求更高。人工智能除了要对细胞特征进行把握之外，还要对生物行为进行分析。

目前，国内不少企业正在探索人工智能技术在病理诊断方面的应用，并推出了一些用于宫颈癌、乳腺癌等疾病诊断的智能产品。

路径4：5G远程医疗机器人

在2018年10月举行的“2018数字经济峰会暨5G重大技术展示交流会”中，河南移动以“豫见5G触手可及”为主题向与会人员展示了5G环境中的远程医疗成果。

河南移动和郑州大学第一附属医院达成合作，双方联合进行5G网络建设。根据计划，双方将在郑州大学第一附属医院东、西院区和周边道路建设26个5G基站。截至2018年10月，已经完成东院区2个5G基站与西院区互联网医疗系统和应用国家工程实验室基站建设，并且国家工程试验室已经完成了端到端的业务测试。

一、远程会诊

在5G网络环境下，医院可以远程获取病人身体状况和现场环境信息，并从数据库中调取病人病历。患者被送到医院后可以直接做针对性检查，使病人得到及时、精准的治疗。

以远程输液为例，在临床医学中，静脉输液是一种主流的治疗方式。在输液过程中，病人家属需要实时关注输液瓶及患者扎针的位置，出现跑针问题或输液即将结束时要呼叫护士及时处理。而5G技术的应用可以将患者家属从这一工作中解脱出来。在无线输液场景中，无线传感器可以实时获取病人的输液进度，发生跑针等情况时，无线警报器会自动向医护人员发送警报。同时，医护人员可以通过智能设备对病人输液速度、进度、身体反应等进行实时监测，为病人提供更优质的输液服务。

二、远程机器人超声

远程机器人超声是利用通信、传感器和机器人技术，由专家远程操控机器人为患者进行超声检查的医疗服务。在这个过程中，专家会根据患者端的视频与力反馈信息对操作进行实时调整，保证超声检查的精准性。在远程机器人超声检查的过程中，医院无须指派专业医生到场，只要安排护士准备好设备仪器即可。远程机器人超声对网络通信有较高的要求（见表11-1）。

表 11–1　远程机器人超声对网络通信的要求

<table>
<tr><th>应用类型</th><th>传输速率/Mbps</th><th>传输时延/ms</th><th>现有网络</th></tr>
<tr><td>医生视频（4K）</td><td rowspan="3">20</td><td rowspan="4">≤40</td><td rowspan="3">传输时延满足，传输速率不满足</td></tr>
<tr><td>患者视频（4K）</td></tr>
<tr><td>超声探头影像（4K）</td></tr>
<tr><td>超声资料传输</td><td>13</td><td>上传下载时间过长</td></tr>
</table>

远程机器人超声涉及的技术层面的内容比较复杂，不仅包括两路视频信号（操作摇杆控制信号、力反馈触觉信号），还包括患者端的视频、医生端的视频、B超探头影像等。在4G网络环境下，视频的分辨率只有1080P，无法支持另一端的专家做出精准诊断。

只有当视频的分辨率达到4K时，超声影像才能将检查部位的情况清晰地展现出来，使专家可以更清楚地看到检查部位的情况，做出更准确的判断。4K的分辨率只有在5G网络环境下才能实现。同时，也只有在5G网络的支持下，机器臂的灵敏性才能提高，操作指令、超高清视频语音才能做到实时传输，B超影像才能做到动态传输。

以远程B超为例，B超机是一种可以满足急救速查、初步筛查的工具，更是一种可视化精准医疗设备。通过5G技术为其赋能，可以有效提高医疗工作者的工作效率，优化医疗服务质量。利用5G技术，医疗专家可以通过操作柄远程操控机械臂执行上下、左右、旋转等指令，为偏远地区的病人进行身体检查。

三、远程机器人手术

远程机器人手术的开展原理和远程机器人超声相似，都是利用通信、传感器和机器人技术，由专家远程操控机器人开展手术治疗。在这个过程中，专家会根据手术端的视频与反馈信息实时调整手术操作，保证手术安全、有序地进行。

目前，已经有一些医院引进了手术机器人，例如达芬奇手术机器人等。但远程机器人手术需要传输大量数据，而且对数据传输速率与传输时延提出了极高的要求，现有的通信设施很难满足这一要求，给远程机器人手术的开展造成了严重制约。

在开展远程机器人手术的过程中，医生要佩戴3D眼镜等设备，对手术现场的画面进行实时观察。为了让医生看到清晰、完整的手术画面，数据传输速率必须达到25Mbps。同时，在远程机器人手术开展的过程中，医生要操控机器人手臂完成各种操作，为了保证操作的精准性，数据传输速率要达到20Mbps，传输时延要降至10ms。另外，远程机器人手术需要传输的数据类型非常多，例如生命体征数据、心电图数据、除颤监护仪数据、血液供应数据等，数据传输速率至少要达到20Mbps，具体如表11–2所示。

表 11–2 远程机器人手术场景下的网络通信需求

应用类型	传输速率/Mbps	传输时延/ms	现有网络
3D佩戴设备	25	≤40	传输时延满足，传输速率不满足
机械臂影像	20	≤10	无法满足
体征、心电等监控仪器画面	20	≤40	传输时延满足，传输速率不满足

高带宽的5G可以满足多种类型的数据传输需求，还可以保证视频分辨率达到超高清状态。而且5G的低时延特性可以保证医生端的操控与机械手臂的操作高度同步，不会因为操作延迟导致医生误判，影响手术效果。

路径5：药物研发与临床试验

人工智能技术的应用能够改革传统的药物研发模式，缩短新药研发周期。过去，药物研发要耗费大量的资金、时间与精力。数据统计显示，药物研发平均耗时达10年之久，资金消耗量高达10亿美元，这个过程包括了靶点筛选、药物挖掘、临床试验、后期调整等环节。目前，国内很多企业都在探索人工智能在药物研发领域的应用，努力促进智能技术在新药挖掘与临床试验环节的应用落地。具体来看，人工智能在药物研发与临床试验中有以下几大应用，如表11–3所示。

表 11–3　AI 在药物研发与临床试验中的应用

应用阶段	药物研发	AI应用
药物发现阶段	靶点筛选	文本分析
	药物挖掘	高通量筛选、计算机视觉
临床试验阶段	病人招募	病例分析
	药物晶型预测	虚拟筛选

一、靶点筛选

药物在体内的作用结合位点称为靶点，靶点与酶、基因、转运体、受体等紧密相关。在进行药物开发时，第一步要做的就是进行靶点筛选。过去，研发者要采用交叉匹配的方式分析药物对人体各个靶点的作用，通过大量筛查来寻找分子药靶。

人工智能的应用能够改变传统的靶点寻找方式。利用人工智能对医学论文、临床试验的信息进行挖掘，寻找靶点筛选的相关知识，在数据分析的基础上确定靶点所在区域，通过这种方式缩短药物研发周期，并加强这个环节的成本控制。

二、药物挖掘

所谓药物挖掘就是药物研发者所说的“先导化合物筛选”，指的是以特定的生物活性与化学结构为标准，在试验过程中配备不同的小分子化合物，在确定符合标准的化合物组合后，根据实际需求对其结构进行调整。人工智能在这个细分领域的应用价值体现在：将高通量筛选转换为虚拟筛选或者通过人工智能技术的应用改进高通量筛选。人工智能中的图像识别技术能够对药物影响下患病细胞的变化进行分析，据此寻找对治疗疾病有效的药物。

三、病人招募

大多数临床试验在病人招募方面存在一些问题，导致试验无法顺利进行。而依托人工智能技术对病人的病历数据进行分析，可以从中寻找适合作为试验对象的病人，促进临床医学试验的发展。

四、药物晶型预测

制药企业非常看重药物晶型的价值，药物的治疗效果与药物晶型的溶解度、熔点存在直接关系。人工智能的应用能够降低药物晶型配置的复杂度，加速晶型开发，降低成本消耗，降低研究人员忽视重要晶型情况的发生率。

此外，AI在基因测序方面也有广泛应用。基因测序主要用于基因检测，能够对基因结构进行深入分析，在产前筛查、肿瘤预测、遗传病诊断等诸多方面发挥重要作用。由于人体的基因组包含很多碱基对，基因数量庞大，承载着大量的数据信息，想要从这些数据中提取价值，就要进行基因检测。

以解码与记录为主的高通量测序方式，在基因解读方面发挥的作用十分有限，很难实现对基因序列信息的价值提取。人工智能技术的应用可以解决这个问题。在完成数学模型构建后，在对基因信息进行分析的基础上，提高模型的学习能力，使其掌握人类核糖核酸的剪切规律。选择有效的生物学方法改进这个模型，再用病例数据对模型的价值进行客观评估。目前，以IBM 沃森以及华大基因为代表的实力型企业都在这个领域展开了探索。

第12章 智能金融：传统金融的数字化转型

智能+金融：金融科技时代来临

近年来，亚太地区的金融科技呈现蓬勃发展之势。全球企业增长咨询公司Frost和Sullivan的预测结果显示，到2020年，亚太地区金融科技产业规模将增长到720亿美元。由此可见，金融科技正在以主流行业的姿态崛起，其快速发展将创新金融行业的商业体验，对金融行业的传统商业模式进行彻底变革。

近几年，许多金融科技公司凭借创新举动吸引了大众目光，促使传统金融格局发生了变化。利用金融科技，企业将创新与合作伙伴之间的支付方式，更好地发挥同行之间的协作效应，降低业务处理的复杂程度，培养出更多优秀人才。

从本质上来讲，无论什么类型的企业，其经营与发展都离不开“人”。目前，技术创新逐渐成为金融行业的从业者关注的焦点。利用金融科技，工作人员能够从繁重的机械工作中解脱出来，创新业务处理方式，提高工作效率，节省更多时间与精力。

目前，以百度、阿里巴巴为代表的科技企业通过合作赋能等方式，积极为商业银行等传统金融机构提供技术产品与解决方案，驱动金融行业日趋成熟，真正实现普惠金融。届时，金融服务的主流客群将不再仅局限于中高收入群体和大型企业，大众及小微企业也将能够享受优质的金融服务。

当然，推动智能+金融行业发展还需要监管部门积极参与，借鉴发达国家的成功经验，在监管方式和手段等方面积极创新，为创业者和企业提供良好的成长环境。

从诸多行业的发展实践来看，未来，在资金、技术、人才、应用场景等方面具备优势的科技巨头将拥有较高的话语权。同时，那些在细分领域精耕细作的“小而美”企业也将获得较大的发展空间。

部分从业人员容易将智能+金融和金融科技两个概念混淆，事实上二者存在明显差异。金融科技是利用科技手段对传统金融行业产品与服务进行创新，实现提质增效的。金融稳定理事会（Financial Stability Board，FSB）对金融科技的定义为：金融科技是指利用大数据、区块链、云计算、人工智能等新兴科技技术，对金融市场及金融服务业务供给产生重大影响的新兴业务模式、新技术应用、新产品服务等。而智能+金融则是指基于机器学习、知识图谱、计算机视觉、自然语言处理等人工智能技术，对金融行业各参与主体和业务环节进行改造升级，实现产品创新、流程再造与服务升级。

人工智能等新兴科技的快速发展将驱动金融行业从信息化时代向智能化时代转变。纵观金融行业的发展历程不难发现，科技革命和模式与理念创新是推动金融行业不断走向成熟的重要驱动力。从金融行业不同发展阶段的代表性技术来看，可以将金融行业分为IT+金融、互联网+金融、智能+金融三个阶段。目前，我们正处在从互联网+金融向智能+金融迈进阶段。整体来看，我国的互联网环境已经较为成熟，这将为智能+金融行业的发展提供巨大推力。

目前，智能+金融行业的投资热度持续攀升，相关企业融资主要处在天使轮和A轮等早期阶段。得益于人工智能技术在交通、零售等行业爆发出来的巨大能量，投资机构普遍对智能+金融行业的发展前景充满期待。

从融资项目所属领域来看，智能风控和智能投顾是热门融资领域，然后是智能投研和智能营销。此外，智能支付市场格局相对稳定，融资事件相对较少。

当前，各路玩家广泛布局，推动智能+金融商业模式日益多元化。创业者、科技企业、传统金融机构、资本巨头等各路玩家纷纷布局智能+金融，对加快人工智能在金融行业的渗透，释放智能+金融模式红利具有重要价值。

AI金融的七大应用场景

人工智能在金融行业有七大应用场景，如图12-1所示。

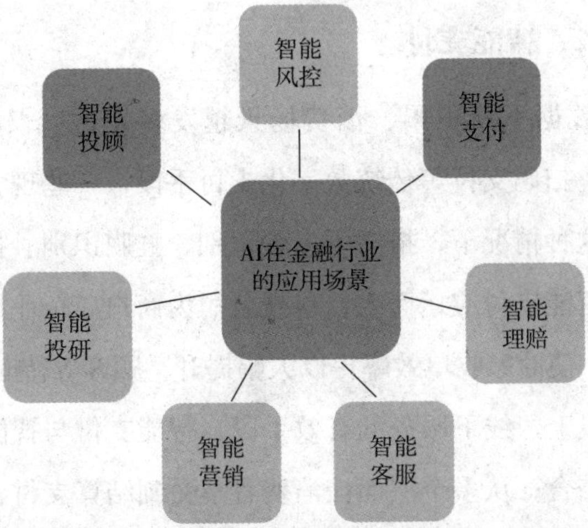

图12-1　AI在金融行业的七大应用场景

应用场景1：智能风控

金融行业总是与风险相伴而生，对于传统金融机构来说，风险防控是一个核心问题。近几年，在以人工智能技术为代表的新兴技术的支持下，智能风控在信贷、异常交易监测、反欺诈等领域得到了广泛应用。

与传统风险防控手段的不同之处在于，智能风控变被动式管理为主动式管理，其中被动式管理要求满足合规监管要求，主动式管理倡导利用新技术进行监测预警。以信贷业务为例，传统信贷业务开展过程中存在一些问题，例如欺诈与信用风险、流程烦琐、审批时间长等。在引入人工智能等技术之后，金融机构可以从海量数据中挖掘关键信息，找到借款人与其他实体之间的联系，从贷前、贷中、贷后等各个环节提高风险识别精度。据研究，金融机构引入智能催收技术之后可以节约40%~50%的人力，节省大量人工成本。同时，在AI技术的支持下，小额贷款审批时效可以大幅缩短。过去，小额贷款审批可能需要几天，引入AI技术之后只需3～5分钟，使客户体验得以进一步提升。

应用场景2：智能支付

随着消费数据不断积累，消费场景越发多元化，仅凭借手机支付、NFC近场支付、扫码支付等传统数字化支付手段，一些现实消费需求无法得到满足。在这种情况下，搭载了人脸识别、虹膜识别、指纹识别、声纹识别等技术的智能支付应运而生，科技公司为商户、企业提供了多元化的场景解决方案，使商家收单效率得以大幅提升，顾客等待时间大幅缩短。

作为连接线上、线下服务的有效手段，智能支付与智能终端、数据中心、物联网相结合，从多个层面让消费者享受到结算支付、场景服务、会员权益等功能，并将支付数据与消费行为实时反馈给后台，为用户核对账目、对会员营销进行管理、对经营数据进行分析等工作的开展提供有效支持。未来，在无感支付等新型技术的支持下，用户将在停车收费、休闲娱乐、超市购物等场景中获得无停顿、无操作的支付体验。

应用场景3：智能理赔

传统理赔过程需要消耗大量人力，流程烦琐，成本较高。智能理赔用人工智能等新技术代替传统的人工作业，使理赔过程变得更加简单。例如，车险智能理赔利用声纹识别、图像识别、机器学习等技术，将车险理赔流程压缩至六个环节，分别是快速核实身份、精准识别、一键定损、自动定价、科学推荐、智能支付，极大地提高了车险理赔的处理速度，在一定程度上解决了传统理赔过程中出现的欺诈骗保、理赔时间长、赔付纠纷多等问题。据统计，引入智能理赔之后，整个车险行业的运营效能将提升40%，查勘定损人员的工作量将减少50%，理赔时效将从3天缩短到30分钟。

应用场景4：智能客服

银行、保险、互联网金融等行业的售前电话销售、售后客户咨询及反馈服务的频率较高，对呼叫中心的产品效率、质量把控、数据安全等提出了较高的要求。智能客服利用大规模知识管理系统，为金融行业的企业构建了一个企业级的智能化解决方案，用来解决客户接待、管理及服务等方面的问题。

在与客户沟通的过程中，智能客户系统可以构建“应用—数据—训练”闭环，形成流程指引与问题解决方案，通过运维服务层，借助文本、语音、机器人反馈工作等方式向客户传递信息。此外，智能客服系统还可以统计客户提问，抽取相关信息，进行业务分类与情感分析，了解服务动向，对客户需求做出准确把握，辅助企业做好舆情监控与业务分析。

据统计，目前，只有20%~30%的金融企业引入了智能客服系统。智能客服系统可以帮助这些企业解决85%以上的客户问题，尤其是那些高频次的问题，缓解企业的运营压力，控制企业的运营成本。

应用场景5：智能营销

对于金融行业来说，营销是其保持长期发展，不断提升自身竞争力的基础，所以金融行业做好营销非常重要。传统的金融营销主要通过实体网点、地摊沙龙、电话短信等方式向潜在客户推销金融产品，容易产生很多问题。例如，无法精准地把握市场需求，容易让客户产生抵触情绪；用群发的方式向客户推送标准化的产品无法满足其个性化需求；等等。

智能营销利用新技术收集客户数据，包括交易数据、消费数据、网络浏览数据等，然后利用深度学习算法对这些数据进行分析，并构建模型，帮金融机构打通渠道、人员、产品、客户等环节，从而覆盖更多用户群体，为消费者提供个性化、精准化的营销服务。在智能营销模式下，金融企业可以降低经营成本，提升整体效益。未来，金融行业在应用智能营销的过程中必须注意对推送渠道进行控制，减少推送频率，优化营销体验。

应用场景6：智能投研

目前，中国资产管理市场规模已经超过了150万亿元，发展前景十分广阔，而且对投资研究、资产管理等金融服务的质量与效率提出了较高的要求。智能投研以一定规模的数据为基础，围绕算法逻辑，在人工智能技术的支持下，利用机器获取投资信息，对数据进行处理与量化分析，撰写研究报告与风险提示，为金融分析师、基金经理、投资人开展投资研究提供一定的支持与辅助。

智能投研可以创建一个百万级别的研究报告知识图谱体系，为传统投研过程中数据获取不及时、报告呈现时间长、研究稳定性差等问题提供有效的解决方案，拓展信息传播渠道，提升知识分析效率，在文本报告、信息搜索、资产管理等领域进行广泛应用。智能投研的终极目标是对整个投研过程进行整合管理，这个过程涵盖了从信息搜集到报告产出的各个环节，以更高效的算法模型与行业认知水平为基础，创建一个跨越不同金融细分领域的研究体系，从服务层面为金融产品的创新设计提供强有力的支持。

应用场景7：智能投顾

2010年，随着机器人投顾技术出现，智能投顾概念应运而生。2014年，智能投顾概念进入中国市场，在经历了技术升级、服务模式创新之后，逐渐成为一个被市场、公众熟知的概念。2016年底，招商银行推出了国内第一个智能投顾系统——摩羯智投，随后产生了一系列智能投顾产品。据统计，2018年，中国智能投顾市场规模达到624.9亿元，并且呈现快速增长趋势。

智能投顾从投资期限、风险偏好、回报预期等维度，利用人工智能技术创建了一个个性化的资产配置方案，并借助营销咨询、资讯推送等增值服务，将理财管理费率降低了80%，将理财门槛从百万元降至1万元。智能投顾的落地应用不仅需要良好的算法平台与技术体系作支撑，还需要收集、处理大量行业数据与用户行为数据。为推动智能投顾系统落地应用，我国互联网科技巨头与金融机构分别从技术端、数据端着手，结合自身优势，推出了符合中国客户需求的智能投顾产品。

AI金融的挑战与应对策略

目前，我国智能+金融行业刚刚起步，新兴的科技公司想要进入需要克服很多挑战，具体分析如下。

（1）高端人才储备问题：我国人工智能领域人才培养开始得较晚，高端人工智能技术人才严重缺乏，所以，金融企业想要与人工智能实现更好的融合，必须引进人工智能领域的高端人才，做好人才培养。

（2）金融场景理解能力：受金融行业自身特性的影响，一方面，国家监管严格，金融机构内部风险控制要求较高；另一方面，金融行业的细分业务非常多，而且流程复杂。想要推动人工智能技术在金融行业落地应用，需要人工智能技术对金融场景产生深刻认知，这就需要对金融行业有深入了解的业务专家根据金融场景的落地要求与监管规定做好AI技术开发。

（3）数据积累实力：人工智能技术相关算法的迭代优化需要以数据为支撑，如果科技公司拥有海量优质的金融数据，就能很好地提升自身实力。

一、技术提供方：挑战与应对措施

与其他传统行业的不同之处在于，金融行业的进入门槛较高，风险较大，业务复杂程度较高、关联敏感程度比较集中，对技术赋能、行业认知的融合理解提出了较高的要求。作为人工智能+金融领域的技术输出型企业，除科技巨头、金融科技公司等行业头部企业之外，大部分初创企业只能从技术颗粒度细化程度、模型执行效率等方面着手完善解决方案，但在主动创新、行业赋能认知、新赛道开拓等宏观层面还存在很多问题，例如资源不足、对行业认知度不够、技术开放性与标准化程度较低、复合型人才储备较少等。

对于人工智能+金融行业来说，技术提供方是非常重要的参与者，需要不断提高对金融机构的服务能力，在这方面，实力较强的头部企业需要主动承担更多责任，主导建立开放程度更高、包容性更强的产业生态，做好金融与科技两大领域复合型人才的培养，推动整个行业有序发展。

二、传统金融机构：挑战与应对措施

现阶段，银行业的黄金时代已经结束。随着国内外的经济不断下行，监管政策越发严格，我国金融机构的增长速度逐渐放缓。为了实现可持续发展，金融机构开始聚焦技术创新与业务转型。传统金融机构利用技术提供方提供的综合解决方案不仅可以提升用户体验，还可以降低运营成本，打造特色服务。同时，受自身发展理念、组织架构、业务渠道、经营方式等因素的限制，目前，我国大部分金融机构尚未适应新角色。

因此，在风险可控的前提下，金融机构参与主体必须尊重金融科技发展的内在需求，与自身发展阶段和当地的监管要求相结合，在部门调整、管理模式、人员配置等方面进行变革，激励行业创新，创建一个互信、包容的产业发展生态。

三、监管方：挑战与应对措施

金融业务风险与技术风险叠加会产生一定的扩散效应，在科技迅猛发展的形势下，金融企业必须注重这种效应，平衡行业发展与风险控制之间的关系。我国现行的《中华人民共和国网络安全法》与《信息安全技术个人信息安全规范》对个人及企业客户数据的使用、隐私保护做出了明确规定，但仍然会发生大规模数据泄露事件，这说明我国金融行业的信息监管体制仍不完善，对新产品及商业模式的监测覆盖程度不足，需要借助更系统的研究，结合方法创新，创建一个多层次、全方位的信息监管治理体系，让金融风险做到可监测、可管控、可承受，以更好地为实体经济服务，让科技在金融风险防控、智慧金融生态环境建设方面发挥更大的作用。

金融科技的未来发展趋势

一、科技巨头与细分领域标杆共建生态

未来，随着人工智能技术不断发展，市场逐渐成熟，人工智能+金融行业原有的市场格局将被打破，一个新的市场格局即将出现。在这个过程中，空有口号但没有实际研发能力的企业将被淘汰出局，在人才、技术、数据、场景流量方面取得显著成绩的企业将实现可持续发展。

未来，整个人工智能+金融行业将呈现三足鼎立局面，这三足分别是互联网科技巨头、金融科技集团、人工智能技术提供方，如图12–2所示。其中，互联网科技巨头将发挥自身优势，加大在科技研发领域的投入力度，拓展更多市场；金融科技集团将借助自身对金融业务的深入理解，推动行业快速转型升级；人工智能技术提供方将集中在细分领域的头部企业，中游企业则极有可能被科技巨头收购。

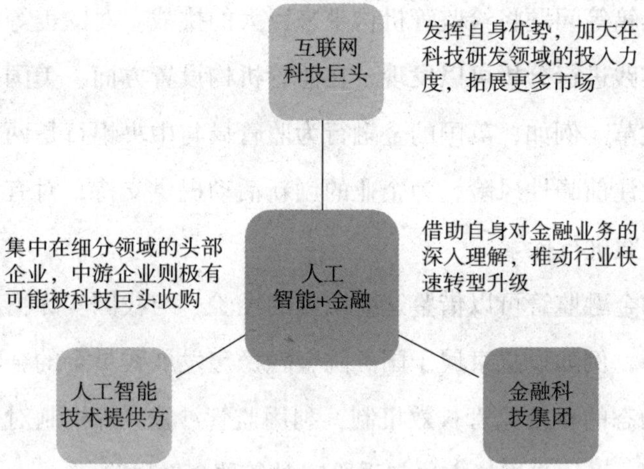

图 12-2 人工智能 + 金融行业三足鼎立格局

二、新技术驱动金融行业向普惠化演变

人工智能等新技术与传统金融相结合将对金融行业的发展产生积极的推动作用，使未来的金融服务更具普惠性。一直以来，金融行业都存在信息不对称、风险不可控、获客成本高等问题，优质的金融服务几乎是大中型企业与富裕个人的专属，大部分小微企业、长尾客户对金融服务的需求并未得到充分满足。

随着人工智能等技术不断发展，金融行业的服务模式必将发生重大变革。随着新技术推广应用，金融机构的服务将惠及更多群体，自身的运营成本也将持续下降，满足客户对质优价廉的金融服务及产品的需求，使客户满意度得以进一步提升，最终使全社会的福利得以大幅提升。

三、强化科技监管成为金融业发展的必然选择

未来，科技将成为金融行业发展的重大驱动力。一方面，在人工智能等新技术的作用下，金融机构将获得巨大的经济效益；另一方面，金融行

业现存的黑箱等问题将给监管机构带来巨大的挑战。对欧美等国家金融机构的监管实践进行分析可以发现，在监管机构设置方面，美国、英国均做了一定的改革。例如，英国的金融行为监管局与中央银行是两个独立的机构，重点关注前瞻性风险，为企业的创新活动提供支持，对有利于行业发展的解决方案进行探索。

我国的金融监管可以借鉴这些国家的经验，与我国实际情况相结合开展监管创新，例如设立隶属于国务院金融稳定发展委员会的金融科技监管局，建立动态的科技监管长效机制，利用监管沙盒[①]等机制对金融创新产品进行管理，采用先进的方法与手段应对各种金融风险。

---

① 监管沙盒（Regulatory Sandbox）的概念由英国政府于2015年3月率先提出。按照英国金融行为监管局（FCA）的定义，监管沙盒是一个“安全空间”，在这个安全空间内，金融科技企业可以测试其创新的金融产品、服务、商业模式和营销方式，而不用在相关活动碰到问题时立即受到监管规则的约束。

第13章
智能酒店：AIoT引领酒店模式创新

充满科技感的智能酒店

随着“80后”“90后”成为新一代消费主体，其消费特性、消费习惯等开始对各行业产生深远影响。这一代消费群体是互联网的忠实用户，热衷于通过智能手机办理酒店预订、购票、餐饮等一站式服务，对酒店行业的经营管理提出了更高的要求。在这种背景下，越来越多的酒店开始从传统酒店向智能酒店转型。

智能酒店为酒店带来了信息化的管理技术和工具，帮助酒店优化成本，提升盈利能力。在成本优化方面，智能酒店可以有效降低人力成本和能耗成本，提高酒店的运营效率。在提高盈利能力方面，智能酒店可以推动酒店产品和服务创新，为酒店建立完善的生态系统，创造新的利润增长点。在智慧科技的支持下，酒店产品与服务将更为人性化、个性化，为顾客创造更优质的入住体验，帮助酒店积累忠实顾客，刺激重复消费和口碑传播。

一、AI驱动的智能化酒店场景

酒店的生存与发展离不开优质的服务。对于酒店来说，服务水平的高低会对其口碑与业务量产生直接影响。在酒店服务过程中，人工智能有哪些应用？能创造出什么样的应用场景呢？

客人进入酒店接触到的第一个部门就是前厅部。酒店引入人工智能技术之后，前厅的人脸识别系统可以在第一时间对客人的身份做出有效识别。在客人正在翻找证件时，前台工作人员就已经能够喊出客人的姓名了。酒店管理系统（Property Management System，PMS）自动显示客人的预订信息，自动为客人办理入住，并将房间号码发到客人手机上。客人按照指引走到客房门前，门锁摄像头对客人进行自主识别，并自动打开房门。

客人进入房间之前，PMS系统就已经将客人的基本信息传输到房间的虚拟人像系统上，该系统可以利用PMS传送的数据亲切地称呼客人，并向其介绍酒店的产品信息。客人入住后，酒店的传送机器人会自动将客人的行李送到房间。

虚拟人像是一种定制的人机对话系统，可以通过声音、图像与客人进行实时交流与互动。当客人饥饿发出点餐请求时，虚拟人像会根据客人在各个美食平台的点餐记录为其推荐酒店及周边的特色美食，并为其规划前往路线。如果客人需要送餐服务，就只需要将菜品告诉虚拟系统，虚拟系统就会自动向餐饮系统下单，30分钟之后，就会将美食送到客人面前。

如果客人选择前往餐厅用餐，餐厅的服务人员可以通过人工智能耳机获取客人信息，提前为其安排座位，向其推荐特色菜品。客人用餐结束后，无须到收银台结账，酒店的快速结算支付系统会自动进行后台结账。

客人准备返回房间时，房间的虚拟人像会提前打开空调，调节灯光，并自动播放客人喜欢的电视节目，带给客人家一般的舒适感。入睡前，虚拟人像会询问客人是否需要设置闹钟。设置成功后，虚拟人像会按时呼叫客人起床，并在客人出门前为其播报当日的天气情况，提醒客人加减衣物，并根据客人要求提前为其安排车辆。

对于客人在房间提出的一切需求，虚拟人像都会基于酒店管理系统和互联网知识库，通过搜索找到最合适的解决方案。

对于有会议需要的客人，酒店的人工智能系统还会为其提供全新的会议体验，例如利用TTS 语音合成技术将演讲者的语音转化成文字，通过字幕传送给与会者。如果与会者来自不同的国家和地区，酒店的人工智能系统还能为其提供同声传译服务。另外，在会议过程中，酒店的虚拟人像还能与主持人互动，让与会者享受一个别致的会议主持体验。

目前，在市场上，这几项技术都有了非常成熟的产品形态，酒店管理者可以对其进行深入了解，将其应用于自己的酒店。

二、智能酒店的技术应用与落地

目前，智能酒店涉及的主流产品和技术主要包括四种，如表13–1所示。

表 13–1 智能酒店四大主流技术

技术	具体应用
人工智能	利用人工智能技术，酒店可以对业务流程进行优化，简化烦琐的手续，帮助顾客降低时间成本。同时，酒店还可以引入智能客服，及时响应顾客入住咨询、订房、投诉等需求，大幅度提升酒店的数字化水平

续表

技术	具体应用
大数据	智能酒店建设需要海量数据提供支持，而数据被视为智能商业时代的重要战略资源，提高数据采集、分析及应用能力，已经成为越来越多企业的重点任务。推进智能化酒店建设不仅要注重引进灯具、空调、电视等智能硬件设施，更要推进服务数字化，打造酒店无线联房控制系统，补足酒店线上服务短板，搭建线上、线下一体化的酒店数字化服务体系
物联网	随着物联网技术在酒店业持续渗透，酒店中越来越多的设施将接入无线物联网，这将有效解决大量有线设备部署造成的线路复杂、安全隐患多等问题，为顾客创造良好的入住体验，同时降低酒店工程部门的运维成本
云计算	未来，智能酒店客房控制系统将打破传统的RCU（Room Control Unit，客房控制系统）架构，RCU功能将被拆分到设备开关插座中，然后在插座内部署无线控制模块来建立基于ZigBee[①]或433MHz的底层无线网络，这将大幅度降低酒店智能控制系统的复杂性。同时，随着云技术日趋成熟，智能化酒店可以获取公共云中的服务器资源，降低酒店部署成本，享受云服务商的优质服务

三、AI时代的酒店业思考

人工智能可以与计算机、互联网、信息技术等结合应用，对多个领域的发展产生推动作用。人工智能技术发展过程中必然会出现许多问题，人们应该以积极的心态面对这些问题，逐步进行技术优化与改进，不断挖掘人工智能的价值。酒店行业的从业人员更要明确人工智能与自己之间的关系，发挥自身优势，提升自己的工作能力，利用人工智能提高自己的工作效率，积极适应时代变化。

在后续发展过程中，酒店应该积极采用人工智能技术改进自身的产品与服务，不断进行技术更新，提升自身的竞争力。与此同时，在利用人工智能技术的过程中，酒店还要做好安全防护工作，避免泄露客人信息，给不法黑客以可趁之机。

① ZigBee技术是一种近距离、低复杂度、低功耗、低速率、低成本的双向无线通信技术。

AI驱动酒店管理革命

一、AI+员工管理，提升整体工作效率

近年来，酒店行业在人才引进方面遇到了挑战。很多人认为酒店行业的薪酬不高，福利水平较低，不愿意投身于这个行业。针对这个问题，酒店行业应该采取怎样的应对措施？是否可以利用人工智能技术解决人才紧缺难题？

很多酒店的工作人员需要不断地做重复性工作以维持酒店的正常运转。举例来说，安保人员、结账人员、负责递送物品的服务人员、负责客房预订的工作人员等，在日常工作中都要重复进行某种操作。针对这类工作，人工智能可以借助自动化机器学习平台，利用先进的技术手段（语音互动技术、情绪识别技术等），帮助员工处理重复性的工作，提高其工作效率。

如此一来，员工可以在人工智能的帮助下快速完成任务，而酒店也无须招聘过多员工，可以节省人力资源成本。另外，酒店的工作人员可以专注于服务质量的提升，不必承担繁重的劳动。不仅如此，酒店还可以利用节省下来的人工成本，为现有员工提供更好的待遇，解决人才引进难题。

二、AI+市场营销：提高营销针对性

人工智能蕴含着巨大的潜能。随着技术水平提高，运用人工智能的机器人将不断接近人类的智力水平，而且能够在营销领域发挥重要作用。酒店可以将人工智能应用到营销工作中，根据客人的相关信息对其需求、喜好进行分析与把握，通过这种方式对客户进行全方位了解，推出更有针对性、更加新颖的专属营销方案。

不少酒店是在缺乏清晰受众群体的情况下制定营销决策的。酒店拥有

丰富的数据资源，在制定决策时却无法从中获得有效的参考。为解决这一问题，酒店可以将大数据技术与人工智能技术相结合，以自动化、智能化的方式开展精准营销，获得更理想的营销效果。

随着人工智能技术迅速发展，酒店营销人员所处的环境会迅速变化。面对挑战，营销人员应该积极主动地学习人工智能相关技术与应用，提高自身的适应能力。

三、AI+财务管理：提高财务安全性

2017年，四大会计师事务所[①]都推出了自己的财务机器人，说明人工智能技术已经在财务领域实现了应用，未来将代替人工完成更多操作。作为四大会计师事务所之一的德勤率先发布财务机器人。这个财务机器人可以代替员工完成许多手动作业，进行流程管理与监督、信息储存与整理，按照某种业务逻辑进行数据分析与评估。在技术层面，德勤财务机器人能够将语音、生物、影像识别技术及机器学习技术结合起来。

在酒店行业，数据审核是财务人员的职责之一，除此之外，他们还要处理许多重复性工作。借助人工智能技术，财务系统可以参考酒店的营业记录，对数据运算结果进行检查，减少人为失误。在审核酒店合同条款的过程中，可以采用人工智能技术对照法律要求，找出合同中存在的问题并进行调整，保证合同符合法律规定。传统模式下的酒店报销，要求员工将报销凭据整理到一起进行贴票。财务人员要对票据进行多次审核，经过繁杂的流程才能完成报销。

基于人工智能技术的采购系统，可以为员工推荐符合其需求的产品。对于出差的员工，系统能够自动记录员工的费用，在员工返回公司后，将

① 国际四大会计师事务所指的是普华永道、德勤、安永、毕马威。

所有费用汇总到一张发票上，迅速完成报销。另外，企业的系统还可以连接到第三方财务平台，通过这种方式实现数据共享，服务于全体员工，提升整体的财务工作效率。

未来，酒店将在财务工作中更多地引入人工智能，实现人机结合，在节省人力成本、加速处理工作的同时，持续进行服务优化。与此同时，酒店还将利用大数据分析技术提高财务安全。

四、AI+酒店服务：机器人的应用

目前，酒店行业对服务型机器人的应用主要体现在以下环节：前台迎宾、入住引导、客房人机互动、物品运送、安防巡视、产品售卖、行李存取、餐饮服务提供、清洁服务提供，如图13–1所示。酒店使用服务型机器人可以达到节约人力成本的目的。

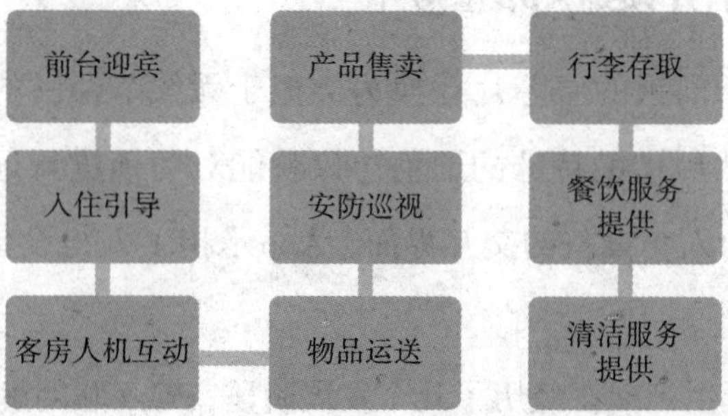

图13–1　服务型机器人在酒店行业的九大应用

2016年，希尔顿酒店联手IBM Watson对智能前台系统进行测试；隶属喜达屋酒店集团的Aloft酒店将Botlr机器人应用到物品递送场景中；隶属洲际酒店集团的皇冠假日酒店同样实现了对智能机器人的应用；隶属航海酒店集团的部分品牌也积极采用机器人为客人提供服务，按照客人要求将吹风机、浴巾等送到指定房间，与客人进行语音互动，如日常问好、天气播报、引路等，向客人推荐酒店中举办的活动和相关产品等，服务类型更加多样。

IoT酒店：开启万物互联时代

近几年，随着“智能生活”越发流行，再加上微信等移动App的广泛应用，在物联网的作用下，人与物逐渐实现了智能对话。每个机器都有一个二维码作为设备ID，人可以直接向其发送指令，控制其运行。从某种程度上讲，凭借这个二维码，App就变成了人操控一切设备的遥控器，人只需一部手机就能打破空间限制操控设备运行。

一、从微信开锁到App全应用

将传统电子门锁的主芯片替换为类似于无线Wi-Fi的模块，将门锁接入互联网，然后借助特殊的通信协议就能对门锁进行远程遥控。在这个过程中，作为人与设备的交互界面，App承担了人与设备智能化的重要功能。

互联网自诞生到现在经历了几个发展阶段，PC互联网解决了人与信息、人与人之间的连接问题，移动互联网解决了人与服务之间的连接问题，接下来就是以手机为控制终端的物联网的时代。

酒店智能化就是物联网广泛应用的结果。在智能酒店中，客人与客房管理人员可以利用控制开关控制房间的智能终端，例如灯光、窗帘、电视等。而且这种操作并不需要太高的技术门槛，只能为消费者提供一种新玩法。根据酒店行业发布的数据，目前已经有1000多家酒店推出了App智能酒店客房，其中不乏洲际酒店、维也纳酒店、开元酒店、7天酒店、桔子酒店等知名连锁酒店。

对于酒店行业来说，数字化带来的改变不只是远程控制或微信开锁。以智能化的互动平台为媒介，酒店不仅可以提高客房管理质量，还能增进与客人的互动，让客人对房间、房价等情况做到实时了解。

同时，App平台可以帮助酒店构建客服闭环，客人可以借助App完成酒店预订、在线支付、自助选房、自助入住、自助退房、自助反馈等操作。在管理层面，客房管理人员可以通过App获知需要清扫的房间，如果在清扫过程中发现设备损坏，还可以通过App告知维修部门，待清扫结束且维修完毕后再通过App向前厅发送通知，如图13–2所示。在下一波客人到来之前，酒店前台、客房服务部等部门都已经做好迎客准备。

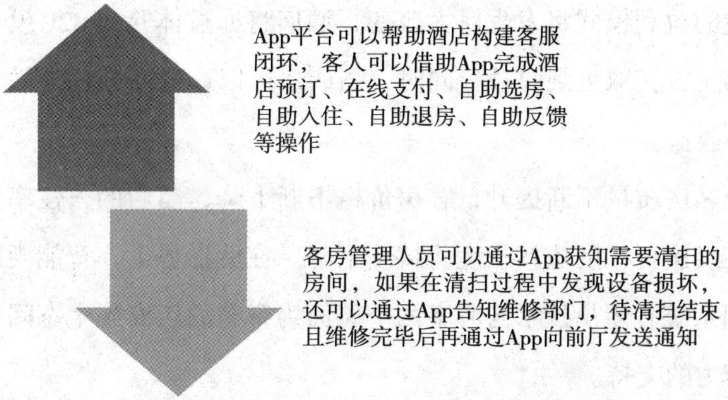

图13–2　智能酒店App的两大功能

随着自助服务不断增多，酒店的人力成本将持续下降。同时，酒店通过App对客房门锁进行智能控制让客人实现了便捷化入住，降低了酒店运行的时间成本。总而言之，酒店实现智能化之后，只要内部各个流程的开展顺序无误，一切都可以改变。

二、未来酒店：开启万物互联新时代

未来，在智慧酒店中，客人到酒店办理入住后，来到房间门前，摇一摇手机，房间门就会自动打开，走廊灯与床头灯就会亮起，电视机开始播放客人喜欢的节目。客人进入房间，对着手机说“打开空调”，空调立即开启并自动调整到客人喜欢的温度。如果客人对酒店的枕头、靠垫、水杯等设施非常满意，想要购买“同款”，可以登录一个智能化应用平台，扫描这些物品自带的二维码下单付款，商品会直接配送到家。

在这种“酒店商旅生态系统”建立之后，传统酒店依靠出售客房床位赚取收益的盈利模式将发生巨大改变，酒店将通过体验式B2C模式销售产品，从第三方获取可观收益。同时，酒店还可以通过商城O2O模式获取额外的服务收益。

随着客房质量不断提升，客房价格不断下降，酒店的入住率将大幅提升，对在线旅行社的依赖程度将持续下降。在此形势下，智能酒店客房的智能控制系统有望从技术与方案两个层面为智慧酒店商旅生态问题的解决提供强有力的支持。

基于大数据的酒店个性化服务

大数据之所以备受关注，主要原因就在于全面。因为大数据是由很多小数据组成的，所以酒店想要利用大数据推出个性化服务必须从小数据着手，对各种小数据进行有效利用。现阶段，大多数酒店引入了PMS系统处理各项业务。酒店只要开始运营，就会有大量数据产生。

对于酒店行业来说，只有获取海量数据，对数据进行挖掘、整合，使其爆发出巨大的商业价值，才能为自身发展带来无限可能。“科技改变世界”，作为一种新型技术，大数据不仅改变了酒店与顾客的交互方式，还改变了酒店与供应商及其他合作伙伴的交互方式。

酒店想要利用大数据打造个性化服务，首先必须通过合适的渠道获取有价值的信息。对于酒店来说，信息获取渠道有很多，例如社交媒体、客户订单、手机预订、社交媒体预订、酒店App的实时预订等。在这些渠道的辅助下，酒店不仅可以完善客户信息，还能与客户进行实时交流与互动，使其满意度大幅提升。

对于酒店来说，大数据最大的作用就在于帮助酒店管理者深入了解客户，挖掘客户的潜在需求，对客户的地理位置进行跟踪，选用最合适的方式联系客户等。其实，大数据本身并没有价值，只有通过分析、挖掘，切实提升酒店收益，其价值才能显现出来。

【案例1】凯悦酒店：基于数据分析的酒店销售

以凯悦酒店为例，该酒店很早就将大数据应用到了企业经营决策当中，并在数据预测方面取得了不错的效果。凯悦酒店通过对客户的预订数据进行系统分析，确定客户预订酒店的时间、地点和渠道，及时制定出最科学的销售策略。

为了确保数据运算更加精准高效，凯悦酒店特别注重数据分析部门与销售部门的合作，不断提高反馈效率，力求用最少的时间确定客户是否具有追加订购的意愿。同时，凯悦酒店还将数据预测应用于客房存量管理，将各种分析、预测工具推广到各个团队，以此增强全体员工对数据的认识，提高他们的数据分析能力。

【案例2】锦江国际：借助大数据优化酒店服务

锦江国际旗下的酒店超过10000家，遍布全球各地，拥有的客房多达100万间，是一个规模庞大的酒店集团。为了满足数据管理需要，锦江国际成立了上海锦江国际电子商务公司，将包括无线互联网和物联网在内的多种信息技术与大数据应用平台相结合，推出了“智慧酒店”项目，提高了为客户提供个性化服务的能力。

“智慧酒店”凭借强大的数据处理能力，能够对数据潜能进行全方位、深层次开发，还可以准确定位客户需求，为客户提供优质的个性化服务。例如，某客户在酒店有家庭入住记录，那么为了提高销售业绩、改进销售模式，锦江国际会列出与家庭套房相关的产品，定期推送给该客户。

在大数据时代，酒店要做好未雨绸缪，通过改造数据平台拓展用户信息及行为。在自媒体领域，酒店可以通过采集用户行为获取用户主动行为信息，让酒店业务数据、会员收集、非客房服务信息实现有机统一，让酒店管理者在完成日常业务的同时与大数据实现高效对接。那么，具体来看，酒店应该如何利用大数据推出个性化服务呢？

（1）根据客户在酒店官网页面的停留时间确定客户喜欢哪种类型的网站页面，据此为客户制定个性化的搜索结果，留住可能流失的客户。

（2）酒店官网为客户搜索提供更多筛选条件、个性化促销内容以及客户可能需要的内容和图片，增进客户与官网的互动。

（3）酒店可以在客户生日或纪念日之际向其发送个性化邮件，为客户送上祝福也可以在酒店举办重大活动之前向客户发送活动详情或优惠信息等。

（4）根据客户在社交媒体上的“点赞”和“分享”行为，对酒店信息的传播度进行跟踪确认，对酒店与客户的互动程度进行有效分析。通过大数据分析，酒店可以发现客户最感兴趣的内容类型，最容易接受的信息风格，据此做出有益尝试。

总而言之，对于酒店来说，有效利用大数据，聆听客人需求，才有可能与客人形成紧密联系，实现可持续发展。有时，即便只是提升客户满意度，也有可能增加酒店被客户选择的概率。简言之，现如今，大数据已经成为酒店行业从业者不可忽视的重要技术，酒店必须利用大数据提升客户体验，获得更多收益。

传统酒店的智能化转型

传统酒店在数字化转型的过程中，面临着多元化的设备连接与服务的挑战，在此情况下，酒店不仅要考虑设备联网问题，还必须意识到一点：在AIoT（Artificial Intelligence & Internet of Things，人工智能物联网）环境下，酒店数字化改造的核心问题是交互方式变革。如何在物理按键、触摸屏和语音等人机交互、智能交互形式中找到平衡，让原本碎片化场景中的智能交互与管理变得统一，是传统酒店智能化转型的关键。具体来看，传统酒店的智能化转型要做到以下三点，如图13-3所示。

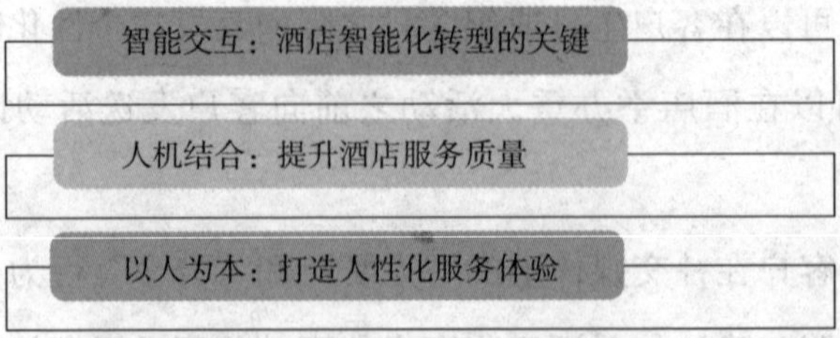

图 13–3　传统酒店智能化转型的三大策略

一、智能交互：酒店智能化转型的关键

传统酒店的智能化转型需要投入巨额成本，施工难度大，配置要求高。但现阶段，随着各项新技术不断发展，传统酒店向智能化酒店转型成本大幅下降。即便不考虑成本的影响，传统酒店数字化改造所需的控制系统每10000平方米造价也达到100万～300万元。而且在布线过程中，酒店要与施工单位对接，导致双边成本增加，并且会给酒店的正常运营造成不良影响。

目前，一些拥有先进技术的酒店企业已经开始使用全新的无线物联网技术，不仅满足了智能酒店面向多楼层、多设备、多场景、互联互通、支持前后装等用户需求，还在项目实施过程中做到了无须装修、无须砸墙、无须布线，极大地降低了施工难度，提高了施工效率，还可以通过统一的平台对各项设备进行统一管理。

以欧瑞博智能酒店解决方案为例，该方案使用世界领先的ZigBee无线通信技术构建智能楼宇控制系统，将智能楼宇控制系统的造价控制在30万元以内，而且做到了无须布线，无须重新装修，极大地节约了施工成本，保证了酒店的正常运营。

对于智能酒店来说，不仅要考虑人机交互和项目施工，还要考虑设备与服务连接的便捷性和广泛性。一家真正意义上的智能酒店要将人与服务连接在一起，借助统一的智能酒店系统将各项服务与智能设备连接起来。这样一来，酒店的功能不再只是向客人出售一个房间或一个休息场所，而是让客人享受到专属智能管家般的服务和体验，让客人感受到科技的魅力。

在管理方面，传统酒店利用大数据与AI技术构建智能酒店系统，可以使酒店运营管理效率得到大幅提升，而且建立在人工智能基础上的智能分析还能为酒店管理者制定营销决策提供强有力的支持。

二、人机结合：提升酒店服务质量

传统酒店在智能化转型过程中可以利用信息化技术为顾客提供方便快捷的业务办理自助工具，将此前分散无序的工作进行整合，降低员工的工作负担，让员工能够将更多时间和精力投入到溢价能力更高的工作中去。酒店可以借助微信、微博等工具建立直销渠道，与顾客实现无缝对接，削弱OTA（Online Travel Agency，在线旅行社）等各类第三方平台的影响力。

同时，机器人、自然语言处理等人工智能技术的不断发展，使酒店客服、前台实现“人机结合”的设想有了落地的可能。之所以采用“人机结合”而非“机器换人”，是因为目前人工智能技术发展尚未成熟，机器人无法像人一样为顾客提供高度人性化、个性化的服务。

服务质量对酒店业绩有直接影响，所以，酒店在向智能酒店转型的过程中，应该在确保顾客体验的基础上有选择地进行数字化、信息化、智能化改造，让酒店产品和服务有更多的情感和温度，避免因为盲目追随潮流导致服务细节缺失，甚至使顾客个人隐私、合法权益受到威胁与侵犯。

三、以人为本：打造人性化服务体验

以人为本是现代酒店的可持续发展之道，在向智能酒店转型的过程中，酒店必须做好人性化服务。酒店服务可以分为工作人员为顾客提供的服务，以及酒店装修、环境等服务。

以大堂设计为例，当顾客迈入酒店大堂的那一刻，酒店服务便已经开始。大堂整体布局应该与酒店风格相契合，家具、装饰、艺术品等具有协调性，兼具美观和舒适性。在大堂灯光设计方面，室外光照变化将影响大堂的灯光效果。为保证灯光效果达到最佳，酒店可以引入智能调光系统。该系统可以根据室外光线变化选择合适的灯光场景模式，为顾客创造愉悦、舒适的灯光体验。在大堂色彩设计方面，既要避免太过繁杂，又要避免太过单一，前者会令顾客眼花缭乱，心理紧张；后者会令顾客枯燥乏味，失去消费欲望。同时，为了避免顾客视觉疲劳，酒店可以通过定期调整大堂中的布艺靠垫、装饰、艺术品等让顾客保持新鲜感。

Part 5
数字化转型

第14章 技术赋能：数字化转型的最佳实践

企业数字化转型的框架

组织或企业的一切活动可以概括为三个环节，分别是生产、经营、管理。生产即生产产品，创造价值；经营即沟通客户，面向市场开展运营；管理即面向企业内部，规范员工行为，合理配置资源，保证生产体系正常运转等，如图14–1所示。

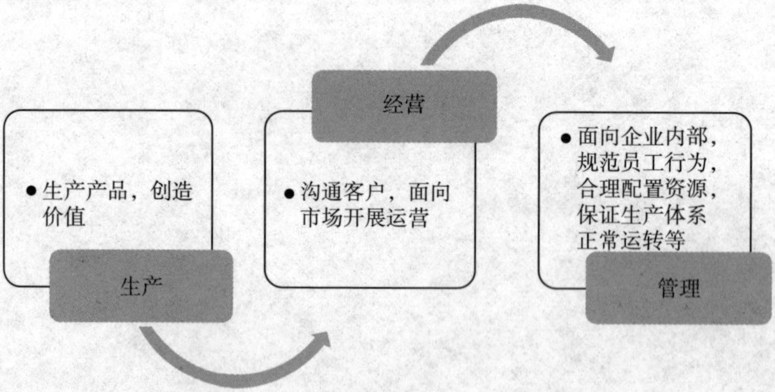

图14–1　企业一切活动的三个环节

从本质上看，企业管理就是要在效率与风险之间谋求发展，一方面要优化资源配置，提升资源使用效率和员工工作效率，借此提升企业的整体运作效率，谋求更大效益；另一方面要合理控制风险，通过不同的风险回报组合（高风险、高回报、高损失，中风险、中回报、中损失，低风险、低回报、低损失）将损失降至最低。在这个过程中，最核心的举措就是解决信息不对称问题，做好内通外联。

对于大部分传统企业来说，企业管理的痛点在于信息“断点”。由于一些企业实行科层制组织模式，资源被纵向控制，浪费现象严重，不能有效利用；指标横向担责导致各部门和分公司之间无法顺畅地传递信息，这些是大型企业集团的通病。

除横向纵向以外，科层制组织模式还在企业内外形成“断点”。根据传统管理学的相关理论，以单体组织为基础，资源和信息无法实现共享。因此，现代企业急需采用跨组织管理形式，保证资源和信息共享，实现组织高效协同。

受互联网环境下消费行为、社交网络、理财观念等方面的影响，企业的行为方式正在发生改变。一些先进技术可以从三个方面推动传统企业成功转型，具体是指：在洞悉力上，数据智能可以为企业平添助力；在自主性上，网络协调可以为企业平添助力；万物互联可以帮助企业打通业务和技术壁垒。

综上所述，信息“断点”是大部分传统企业都存在的严重问题，加剧了企业信息的不对称现象。想要解决这个问题，一定要发挥好企业管理的核心功能，在新技术、新管理和新模式的推动下实现数字化转型。

一、数字化转型的概念

数字化转型，即用信息技术对企业的IT架构与业务架构进行重构。企业IT架构由数据、技术、应用组成，业务架构由组织、流程、规则组成，其中包括交易模式、管理模式和生产方式等。

二、数字化转型的推动力

企业的数字化转型有三大推动力（见图14–2）：一是去中介化，主要作用在于提高B端到C端的效率；二是去中心化，举例来说，过去看电影需要在固定时间到固定位置（如学校操场等）去看，但现在网络技术发达，每人都有手机或电脑，可以随时随地观看自己喜欢的电影，这就是去中心化；三是去物质化。以上三个推动力有利于促进消费效率提升，实现数字化转型。

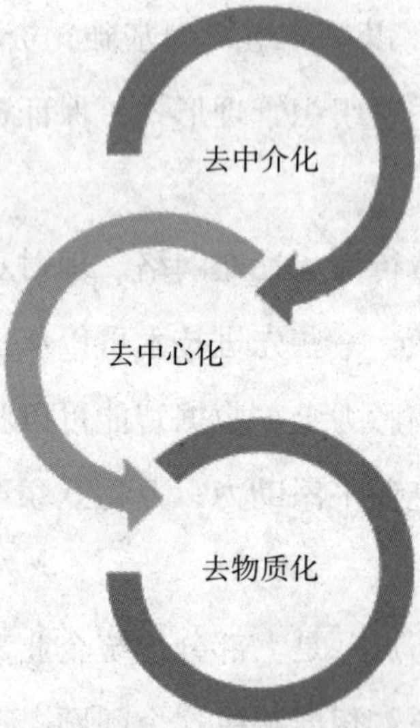

图14–2　企业数字化转型的三大推动力

三、数字化转型的对象

数字化转型的对象包括业务对象、业务流程和业务规则。以会计为例，会计处理的对象是发票，企业将发票录入、初核、复核等规则数字化后，整个过程可以变得更加智能，使会计工作效率得以切实提升，未来甚至有可能迈入没有会计的时代。

数字化转型是数字型企业发展的必经之路。数字化转型的概念、推动力以及转型对象三部分构成了数字化转型的框架。基于这个框架不难得出结论：内通外联是数字化转型成功的秘诀。

互联网有很多特点，但最主要的特点是连接，横线与纵向连接、线上与线下连接、内部与外部连接。数字化转型需要企业将管理、经营等行为由线下转到线上，再将相同的管理活动进行合并联通，由系统替代经营和管理。这样一来，企业内部与企业之间的管理将变得简单、高效、智能。

数字化企业背后的技术支撑

受新冠肺炎疫情影响，很多企业被迫终止线下活动，仓促转型到线上。由于没有提前做好准备，这些企业无法像互联网企业一样灵活使用各种资源，精准定位并触及目标客户，导致销售过程跟踪预测效果不佳。同时，这些企业缺少大数据支持，关键环节尚未完成数字化转型，企业安全无法得到有效保证，一旦受到攻击，只能被动防御。在传统的市场环境下，这些企业尚可以养尊处优，从容度日，但这场突如其来的疫情将企业在数字化方面的短板暴露无遗。

但从另一个角度来讲，疫情期间各种新需求的倒逼为企业的数字化转型提供了更强劲的动力。因为，在疫情期间，企业对数字化工具的需求呈现爆发式增长，并由此形成了数字化的工作模式。此后，企业的数字化转型不仅会更加务实，而且会继续深化。借鉴疫情中成功的数字化转型实践，提升自身数字化免疫力和生存力，也是各个企业当下必须关注的重点。

在数字化时代，供应链是数字化生态系统的支柱。在这个系统中，为了保证能够最大限度地提高效率，满足客户对灵活性、可视性和透明度的需求，一组连接起来的、经过仔细协调的动态流程必须在每个级别上得到跟踪，然而，在目前的数字化环境下，企业也面临着种种严峻的挑战和问题。例如，无法实时承接客户需求，订单无法及时反馈；缺乏大数据和智能算法的支撑，预测出来的信息不具备指导意义；市场竞争加剧；客户行为无法准确预估；线上线下无法打通；等等。

对于企业来说，最佳的数字化转型方式就是以强大的技术为支撑，在技术的驱动下完成供应链转型，使整个供应链形成良性循环，主要表现在以下七个方面，如图14–3所示。

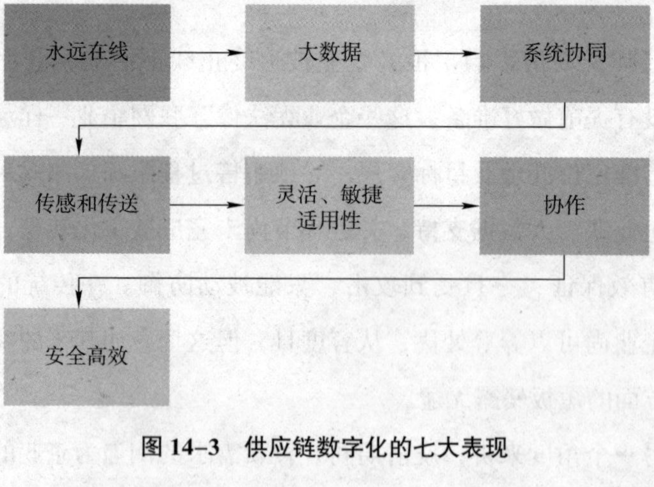

图 14–3　供应链数字化的七大表现

- 永远在线：供应链信息不仅能够实现无缝共享，还可以实现全天运转，满足客户日益增长的关于更快、更好、更便宜的需求。
- 大数据：信息和洞察力正在成为下一代供应链的通货，供应链将运用前瞻性的大数据分析来产生具有突破性的结果。

• 系统协同：人工智能、大数据、自动化机器协同工作，将消息在第一时间传递给员工，保证他们在“永远在线”的供应链中无缝工作。同时，这些消息会减少员工错误，提高效率，使员工价值得到更好的展现。

• 传感和传送：为了更好地管理交货日期，使相关链接同步，实时信息会来自供应链中的各个部分的传感机器。

• 灵活、敏捷适用性：供应链能够实现灵活、完美、高速运转，以应对客户多变的需求。

• 协作：协作供应链将采用高度协作、跨所有环节协作模式，消除竞争障碍，追求利益共享。

• 安全高效：供应链提供的工作场所既可以摆脱健康和安全问题，又高效、有效，不会被轻易取代。

数字化工具重塑企业管理流程

受疫情的影响，企业上云用云和数字化转型进一步加快。目前，数字化技术正在重塑组织和流程，简化相关环节，企业的商业、管理、运营、工作模式即将转变，与此同时，企业加快线上布局，实行零接触或少接触的工作模式，重视网络化协同和智能制造，推进业务连续性管理。

从过去的“现场可见的公司办公”到“非现场、零接触的在家办公、共享员工模式”，从使用多年的KPI（Key Performance Indicators，关键绩效指标）转到OKR（Objectives and Key Results，目标与关键成果法），对人力管理提出了新要求。而要在线上做好数字化营销、电子商务、消费和服务，也要求企业务必加快构建以用户为中心的数字化营销和运营体系，培养具备数字化思维的人才，多方面接触客户，提高客户体验，通过在线服务提高顾客满意度，做好用户留存。

无论哪种类型的企业，最终都要回归到商业的本质，即开源节流、控制风险、创造价值。在这一前提下，企业要加快机器人流程自动化（Robotic Process Automation，RPA）、机器人等数字化技术与管理会计的融合，在改进作业成本方面进行创新，实施精细化管理，开展精准化、个性化的考核激励，激发员工的创造性，最大限度地实现降本增效的目标。

构建企业数字化能力，不是企业内部某一方面的调整，而是整个组织架构、经营模式等多方面的调整。要打造企业数字化核心能力，还要做好基础设施建设、数字化应用、大数据分析等。相对于传统基础设施来说，数字化基础设施涵盖了新的IT技术能力，如物联网、人工智能等，通过平台使这些能力供给形成泛在化。这种以智能云ERP（Enterprise Resource Planning Administration，管理信息系统）为核心的数字化应用形成的流程化管理手段，能够保障企业的数字化战略有序地落地，实现规模化洞察、智能决策和移动协同。

那么，在疫情之后，企业应该如何应对种种不确定性以及动态发展的外部市场环境呢？在解决这个问题方面，加快向感知型、敏捷型组织转型，夯实数字化基础，提升数字化核心能力是最佳方案。

为了更好地赋能员工、提升客户体验、降低企业成本，疫情期间，大部分企业陆续加入“非接触经济”，数字化能力发挥了越来越重要的作用，特别是云端数字化工具，需求量瞬间爆发。

现阶段，国内的云端数字化工具可以分为三种类型，如图14–4所示。

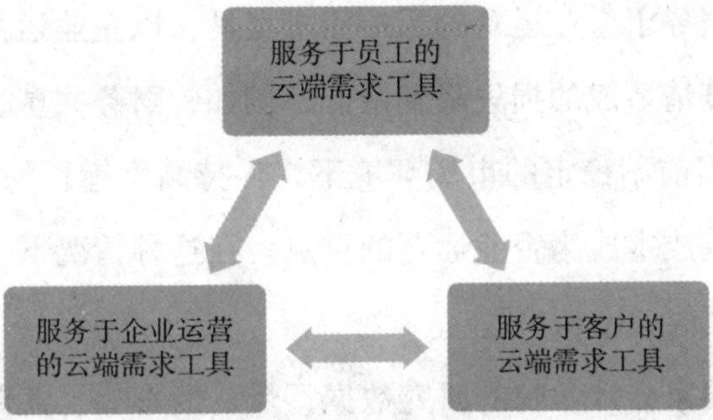

图 14–4　云端数字化工具的三大类型

第一类是服务于员工的云端需求工具，例如，远程协助办公、在线查看考勤和招聘人员等，主要以员工为中心，可以实时精准地掌握员工的健康状况与工作状态。通过这种以人为本的数字化应用，不仅可以对员工招聘、入职等一些常规业务进行在线重塑，而且可以满足疫情下班车出行、员工餐预订等临时业务的创建，让员工更好更快地完成工作。

> 以浪潮为例，借助“云+”协同工作平台，疫情期间，员工既可以及时汇报个人情况，又可以利用其他功能推进日常工作。不仅如此，还借助HCM Cloud智慧招聘云，面向多个院校在线招聘，收到了近5万份简历。

第二类是服务于客户的云端需求工具，例如，数字化营销、在线服务、电子商务等。以客户为中心，线上线下结合，转变业务模式，开发新的业务流，提高用户体验，获取新客户，留住老客户，增加收入。以亚光家纺为例，亚光家纺通过互联网分析发现，2020年医疗防护服的市场需求直线增长，于是将此作为公司新业务，培养了一个新的利润增长点。

第三类是服务于企业运营的云端需求工具，以企业运营为中心，通过数字化工具将疫情造成的损失降到最低，例如，财务共享、电子采购、智能制造等。在当前不稳定的市场环境下，保持高度增长的企业少之又少，最大限度地控制成本成为企业运营的重点。在这种情况下，成本管理就是企业生存和发展的"硬功夫"。

根据上海国家会计学院的研究数据，受疫情影响，大部分企业将在半年内面临资金运转困难的问题，小部分企业会用降低成本的方式自救。但是，极限式降成本并非易事，尤其是制造类企业，应该将重点放到企业基础管理方面，以价值为导向，利用好管理会计工具，增强数据、模型等方面的能力，促使生产和管理实现智能化。

企业数字化转型的三种路径

传统管理模式只能实现线性增长，只有完成数字化转型才能实现爆发式增长。在价值创造效率方面，可以将企业分为三种类型，如图14-5所示。

- 价值放大者，通过自有平台撬动大量社会资源，大幅创造价值。
- 价值整合者，推动社会资源流向最需要的地方，间接创造价值。
- 价值提供者，直接使用资源创造价值。

事实上，企业想要实现数字化转型，最主要的是要做到三点：重构思维模式、重构IT架构、重塑业务架构。

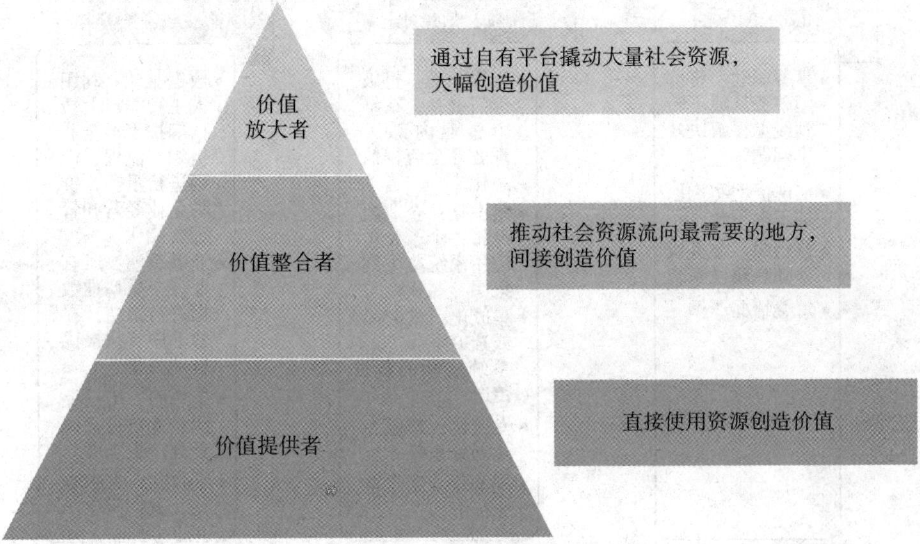

图 14-5　基于数字化转型的三种企业类型

一、重构思维模式

重构思维模式需要改变企业范围、组织范围、流程范围、IT范围，从企业内部组织扩展到无边界组织。对于企业范围，从只关注企业内部转变为关注企业生态；对于组织范围，从N级金字塔型的组织结构转变为扁平化的组织结构；对于流程范围，从N级流程转变为扁平化流程；对于IT范围，从建立竖井式应用转变为横向扩展的平台化应用。

二、重构IT架构

重构IT架构的好处在于可以推动企业从数字化走向智能化。总体来说，企业IT架构演进可以分为三个阶段：电子化、信息化、智能化，如图14-6所示。

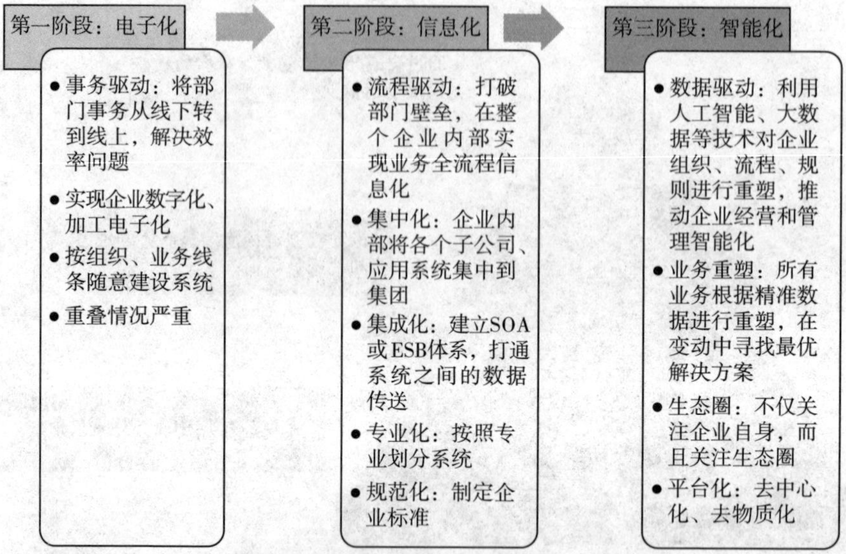

图 14–6　企业 IT 架构演进的三个阶段

• 第一阶段是电子化阶段，特点是事务驱动，将部门事务从线下转到线上，意在解决员工效率问题，但仅仅这样还不够，实现企业数字化仍然面临着许多困难和挑战，例如，系统建设无规划、无序；按组织、业务线条随意建设系统；等等。

• 第二阶段是信息化阶段，特点是流程驱动，意在打破部门壁垒，争取在企业内部实现业务全流程信息化。主要包括四方面内容：第一，集中化，分公司的应用系统集中到集团；第二，集成化，建立SOA（Service-Oriented Architecture，面向服务的结构）或ESB（Enterprise Service Bus，企业服务总线）体系，打通系统之间的数据传送；第三，专业化，按照专业划分系统；第四，规范化，制定企业标准。

• 第三个阶段是智能化，特点是数据驱动，利用人工智能、大数据等一些先进技术对企业组织、流程、规则进行重塑，通过数据推动企业经营和管理实现智能化，创造新的商业模式、关注生态圈、实现企业平台化。

三、重塑业务架构

重塑业务架构有利于企业开展数字化转型，成为智慧企业。企业的任何组织活动都可以理解为对内生产和管理，对外交易。那么具体来看，企业应该采取哪些措施呢？

从理论上讲，企业对内生产和管理要实现智能化，即实现智能制造和智能管理。智能制造就是利用信息技术和物联网技术将生产和服务过程变得智能化，这也符合《中国制造2025》提出的打造“制造强国”的要求。通过工业互联的方式将原材料、生产设备、信息管理进行连接，并与MES（Manufacturing Execution System，制造执行系统）、ERP集成实现定制化生产，推动传统行业升级，提高产品质量，满足用户的个性化需求。

智能管理是利用信息技术实现企业资源配置和风险管理的规则化。因为在传统模式下，企业面临着许多问题，例如，指标与资源不匹配，控制与风险无法平衡，效率和期望大打折扣，等等。但在互联网模式下，“权、责、利”相互匹配，相互平衡，不仅这些问题可以得到有效解决，还能够激发企业活力。与此同时，为实现目标赋能，可以用此模式让资源配置实现市场化。

另外，对外交易也要智能化，即实现智能交易。具体来说就是企业内部应用和设备互联，供应链上下游企业业务互联，跨供应链和跨行业的产业集群生态互联，通过三个互联实现企业内通外联，提高交易效率，降低交易成本。

总体来看，智慧企业需要三管齐下：

（1）通过智能制造保证产品升级，响应《中国制造2025》战略，坚持“创新驱动、质量为先、绿色发展、结构优化、人才为本”的基本方针，面向市场，满足客户需求，全力提升制造业核心竞争力和品牌塑造力。

（2）通过“互联网+平台”提升管理效率。响应“互联网+”行动计划，借助“互联网+”平台打破信息不对称、降低交易成本、提升资源配置效率，促进专业化分工，提升劳动生产率，为供给侧转型升级提供源源不断的助力。

（3）通过“制度+规则+系统”打造智能管理体系，促使管理手段实现制度化、规则化、系统化，打破传统管理模式，多维度地提升管理水平，实现内部管理智能化，实现“内通外联”。

第15章 平台战略：数字化时代的组织进化

企业平台化转型的逻辑

现阶段，中国经济正处于转型深水期，结构持续优化，相关政策大量涌现，再加上“互联网+”模式在各行各业持续渗透，使传统经营模式变得不再适用，传统企业必须积极进行转型升级，构建强大的市场竞争力，确保自身能够从激烈而残酷的市场竞争中成功突围。

在此阶段，平台化转型受到了企业的一致青睐。近几年，一批行业先行者凭借平台型商业模式快速整合大量优质资源，充分发挥规模效应，以更高的效率、更低的成本为广大用户提供优质服务，给行业带来了颠覆性变革。

一、什么是平台战略

平台战略指的是构建一个扁平化、开放性的平台生态系统，这意味着企业要放弃原来的组织结构，对员工、合作方等平台资源进行有效整合。

平台战略要围绕“供应生态圈”制定、推行。随着平台商业模式迅猛发展，企业的商业生态、企业在商业竞争中的地位在不断改变，各行各业都出现了平台商务创新现象。企业想要顺利推行平台战略，完成平台化商业模式转型，必须对互联网思维进行充分利用，打造共赢生态圈，将竞争关系转变为协同关系，将竞争对手发展为合作伙伴。

随着平台战略的成功推行，企业可以创造一个生态圈模式，供大家在未来5～10年共创共享之用。现阶段，有些企业的生态圈不符合未来发展规划，所以需要构建一个全新的分配机制，设计一种全新的利益关系。借助在平台战略基础上形成的业务结构，企业可以明确自己的发展方向究竟是多元化还是专业化，形成一种稳定、可扩张的业务战略。

二、企业平台化转型的逻辑

平台模式打破了传统商业模式上下游企业之间相互压榨的不利局面，通过平台思维，激发各参与主体的活力与创造力，丰富并完善生态系统，实现多方合作共赢。

平台化转型确实可以为企业带来一系列竞争优势，但转型过程漫长且艰难，需要对组织结构、商业模式、管理模式等进行颠覆性革新，而且必须制定清晰且明确的转型战略及落地方案。对于企业来说，平台化转型是释放组织活力，提质增效，构建强大核心竞争力的必然选择。

（1）核心竞争力构建的需要。传统企业的成功更多的是依靠优秀企业家制定的科学合理的战略规划，以及中国经济快速增长释放的巨大红利，市场竞争不充分，信息严重不对称。但现阶段，产能过剩，中国经济进入转方式、调结构的新常态，企业面临的同质化竞争日趋白热化，不能及时完成转型升级的企业很难长期生存。

平台化转型使企业打破了各种边界，通过高效整合内部及外部优质资源构建强大的核心竞争力，对构建商业生态、增强企业竞争优势具有十分重要的价值。打造平台型企业，将成为企业构建核心竞争力的重要路径。

（2）历史机遇的使然。平台模式对市场竞争产生了深远影响，平台模式率先在互联网行业得到大规模应用，如今正在向其他行业全方位拓展。业内人士指出，过去十年，平台模式在互联网行业中的应用，给互联网行业的蓬勃发展注入了源源不断的活力与发展动力，一批创业者及企业积累了相当惊人的财富。未来十年，平台模式将在传统行业的改造升级中发挥不可取代的作用。

目前，中国经济面临较大的下行压力，再加上跨界颠覆成为常态，传统企业生存发展遇到了重大挑战。同时，经济全球化及消费升级、市场体系日益完善，又为创业者及企业带来了诸多发展机遇。传统企业要抓住机遇，积极向平台型企业转型升级，更好地服务广大用户及合作伙伴，获取更高的利润回报。

（3）企业发展的需要。在经济新常态背景下，市场竞争面临着较高的不确定性，很多传统企业面临着巨大的生存危机。在激烈复杂的市场竞争中，企业想要长期保持竞争力，必须对自身进行持续优化与完善，积极实施自我革新，只有这样才能有效应对用户注意力被过度分散、恶性价格战、人才流失、利润下滑等诸多问题。实施平台化转型为企业发展增添了新动能，为企业实现永续经营提供了一条行之有效的路径。

平台型生态圈的五大关键词

企业平台化是指企业外部平台化，聚焦的是商业模式；员工创客化就是推动公司内部的平台化，聚焦的是组织管理。

在商业模式方面，众多企业开始逐渐走向平台化，京东、百度、淘宝、苹果等大型企业在各个领域广泛采用平台模式。从目前来看，在全球100强中，有六成企业实现了平台化。

为什么企业都在追求平台化？这个问题没有标准答案，最大的可能是在平台上，多方利益体可以平等地建立一个可以实现多方共建、资源共享、互利共赢、开放的生态圈。简单来说，平台战略的核心就是构建多方利益体可以实现互利共赢的平台型生态圈。

平台型生态圈强调五个关键词，分别是平等、共建、共享、共赢以及开放，如图15–1所示。

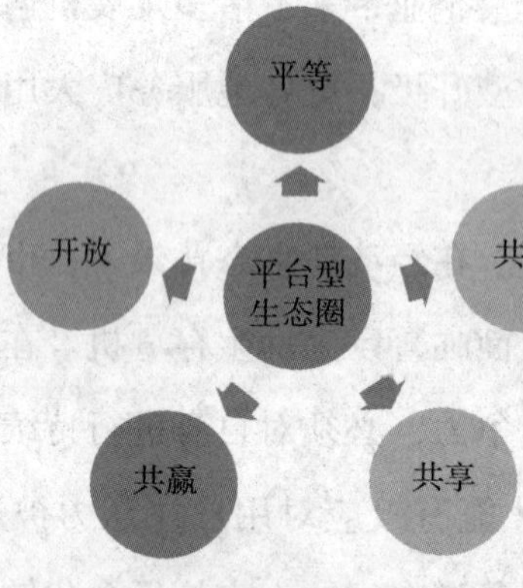

图 15–1　平台型生态圈的五大关键词

一、共建

共建主要包含三个方面的内容，如图15–2所示。

（1）多主体：平台生态圈必须有多个参与主体，只有一个主体无法构建平台。对于平台来说，每一个主体都是一股重要力量，这些力量汇聚在一起就会形成一个新的系统。平台上的参与主体越多，平台的力量也就越大，这是平台的核心竞争力所在。

（2）自组织：平台属于一种开放的自组织生态系统，是参与主体通过无意识的、自利的行为自发形成的一种天然的自组织。例如，用户使用一次搜索功能，就能为谷歌、百度等网站提供一组数据。

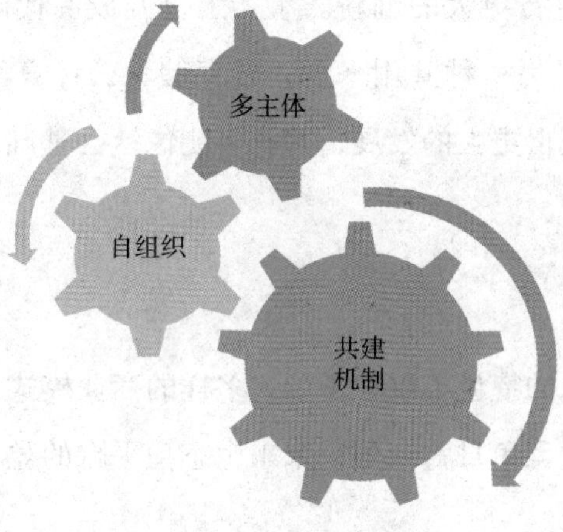

图 15–2　共建的三大内容

（3）共建机制：开放的共建平台是共建机制中最重要的一个因素。以手机的发展为例，很多人认为，曾经的手机霸主诺基亚之所以走向衰败，很重要的一个原因就是平台的失败。事实上，平台的开放和共建机制的失利才是诺基亚在市场上失势的重要因素。现阶段，在手机市场，品牌之战已然成为过去，取而代之的是系统平台之间的战争。

二、共享

共享就是平台上的资源以及资本等面向主体开放。平台生态圈中的共享有两个特点。

（1）互动性：共享是一种双向的行为，只有通过双方的互动才能创造价值。例如，Facebook、微信等社交应用软件，最大的特点就是实现多向互动，无论群体还是个人都可以随时随地进行多维互动。在这种双向互动的行为中，双方共同创造了数据价值。如果平台缺乏双向、互利的循环，就很难正常运转。

（2）共用平台：互联网领域的开放源代码就是一种共享机制。通过这种共享机制可以进行更大的创新。事实上，开放源代码就来源于共用平台。云技术服务是另一种共用平台，云存储、云计算等都属于云技术服务。未来平台会获得更大的发展，并有可能像社会基础设施一样实现普及应用。

三、共赢

平台模式最大的特色不仅在于形式多样的商业模式，还有多元化的盈利模式。随着平台竞争日益激烈，未来生态型平台的盈利方式将逐渐走向共赢。

平台模式最有趣的地方在于，不仅商业模式千变万化，盈利的方式也逐步走向多元化。但无论如何转变，生态型平台企业的盈利模式趋向于共赢模式。

这里所讲的共赢可以这样理解：平台型企业想要实现盈利，首先要有一定规模的平台生态圈，而这必须吸引更多参与主体，共赢是吸引参与主体的一个重要前提。因此，平台在设计交易结构时应该充分考虑如何实现多方共赢。

在平台模式下实现共赢还要注意“多边性”，单边无法搭建平台，因此在搭建平台时首先要定义好双边或多边群体。例如，淘宝、招聘网站等属于双边模式，主要是供需双方；搜索平台属于三边模式，除供需双方外，还有广告方。

在平台模式下，双边或者多边群体不是简单的买卖双方，而是“付费方”和“补贴方”。例如，婚庆网站“世纪佳缘”采用的是“电子邮票”

的收费模式，男女双方互为“付费方”和“补贴方”；苹果iOS系统与软件提供商的收费方式是三七分成，消费者根据自己的爱好和需求选择软件，并决定是否通过付费的形式实现软件升级。

四、开放

平台的开放虽然不是只有互联网这一条途径，但是互联网却是最佳的开放平台。互联网不仅拥有庞大的数据库信息，还拥有完善的信息管理系统。平台可以充分利用互联网的优势，进一步扩大参与主体的规模。

平台的开放程度越高，实现的连接也就越多。在一个网状的社会结构中，连接点的广度和厚度在很大程度上决定了一个企业的价值，连接点越广、越厚，企业的价值也就越大。因此在新时代，企业想要生存和成长，必须学会开放，实现更多连接，获得更多信息。

五、平等

平台开放的前提就是恪守平等，在传统的商业领域，渠道管控是一种普遍适用的思维方式，而互联网思维是由技术决定的。互联网所构建的网状结构没有中心节点，不是一个层级结构，各个点之间没有从属关系，因此互联网的技术结构就决定了互联网是去中心化的，是平等的。

这里的平等并不是平台商与平台合作者之间要做到绝对的平等，而是指双方在合作中要遵循合作协议，无论产品开发、营销还是客户服务，都要通过平等协商达成一致意见，而不是由一方对另一方形成支配。因此，在开放的平台上要摒弃“我的地盘我做主”的观念，设身处地为对方着想，推动一致意见的形成。

价值重塑与战略定位

一、价值重塑：传统管理流程的变革

企业想要完成平台化战略升级还要重新构建组织内各种管理体系，对业务模式进行整合，对业务开展流程进行重构，对分配机制、内部交易机制进行优化设计，对经营主体的管理流程进行规范，对运营风险进行有效控制，做好文化建设等。具体来讲，企业的价值重塑必须做好以下五点，如图15–3所示。

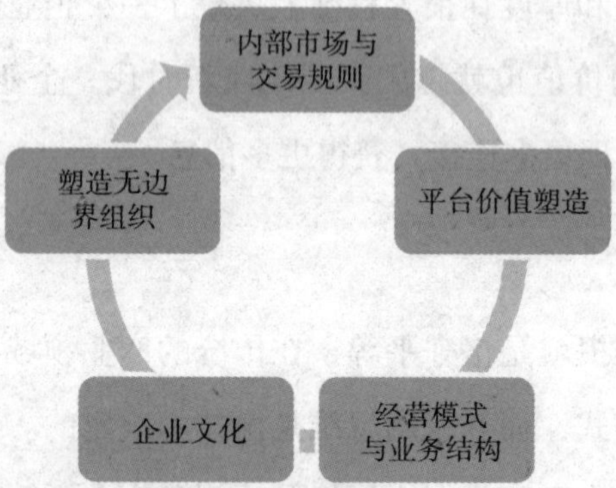

图 15–3　企业价值重塑的五大措施

（1）内部市场与交易规则。以企业内部分利与交易机制为依据，企业平台化战略可以分解为不同的战略业务单元，进而发展为自组织结构与独立的核算单位，经营重心不断下沉，将不好的战略业务单元淘汰，让各业务板块建立连接，实现联动，并以此为基础吸引外部创业者加入。

（2）平台价值塑造。平台型组织集团总部要具备明确的价值，这些价值最终会通过分公司的费用及回报获取方式、利润分成、费用收取等方面体现出来。因此，企业推行平台化战略需要进一步明确、强化自己的核心价值，将核心价值转变为维系与各经营主体关系的媒介，而不是弱化标准、降低标准。那么，企业总部平台要具备何种价值呢？具体来看，企业采用的竞争模式不同，其需要构建的核心价值也不同。

对此，企业至少要从两个方面进行思考。一方面，平台组织能否开展更多业务，塑造更多价值亮点？平台价值要通过平台构建的业务结构体现出来，平台组织生态越丰富，就越有可能开展更多业务，塑造更多价值亮点。所以，在推行平台战略之前，平台要先解决一个问题，就是如何以统一的客户群体为中心连续为客户提供多元化的服务。另一方面，平台化企业可以为客户提供的运营价值有哪些？一般来讲，平台化企业可以为客户提供的价值主要有战略及人力资源输出价值、基础管理服务价值、市场导入与品牌价值、企业文化驱动价值等。具体来看，平台化企业要以自己所处行业、企业规模、发展阶段、需整合的外部资源等为依据明确自己可以为客户提供的运营价值。

（3）经营模式与业务结构。企业要在自身经营模式与业务结构的基础上重新对经营模式、业务结构进行组合，拓展业务空间。

（4）企业文化。平台型组织要站在更高的角度，用更长远的目光看问题。企业文化不是商业利益的简单叠加，它注重的是借文化之力对创业团队进行整合，从使命、价值观等角度出发将平台所有主体融合在一起，让他们产生商业认同，建立紧密联系。

（5）塑造无边界组织。人的创新驱动企业发展，所以组织边界就是人的边界。对于更高级别的平台型组织来说，其主要任务就是突破组织边界，打造一个无边界组织，让组织创业、创新活力在最大程度上得以释放。

二、战略定位：构建平台生态蓝图

平台战略定位要从两个层面进行考虑，一是平台发展方向定性，明确平台发展方向；二是目标位置定量，确定平台发展程度，其核心为构建平台生态蓝图，如图15-4所示。具体来看，平台战略定位需要“自上而下”进行，对决策层的相关能力提出了较高要求。

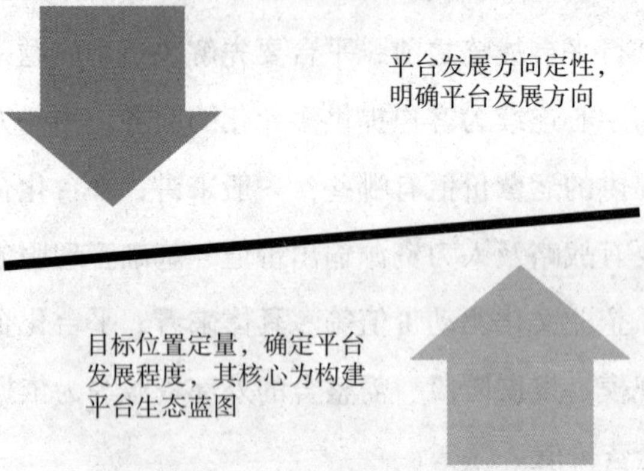

图15-4 平台战略定位的两大层面

平台化战略改造升级需要从不同维度对战略、人才、盈利、组织、企业文化等内容进行改造，对其进行系统思考，分步骤、有计划地推行战略。

（1）明确企业所处的竞争环境，要面对的竞争形势，企业在行业中所在梯队，明确各梯队的竞争格局，对代表性企业的核心竞争策略进行分析。

企业必须根据自己的实际情况构建平台化组织。企业平台化改造对企业长期发展战略布局、组织运营模式调整有着密切关系，必须与战略思考、组织构建、机制制定、推导测算相配合，聘请专业团队，以免出现误差，面临太大风险。

（2）通过内外部研究明确平台化战略的商业模式、执行步骤，并根据未来的资本需求开展系统性思考。平台化改造需要企业重新构建管理体系、业务模式、业务开展流程，改变风险控制模式，为变革做好准备。

（3）根据明确的平台化发展方向明确企业未来1～3年核心战略实施流程，帮助企业成功完成平台化转型。

（4）对内，企业要形成统一的价值观，提升行业影响力，传播平台化思维，获取更多外部资源。如果企业价值体系无法形成，就无法吸引各经营主体，无法对局面进行有效掌控，最后很有可能形成分崩离析的局面。

（5）在塑造总部价值的前提下明确组织架构，从组织层面推动战略落地。

（6）设计合伙人机制，对合伙人需要具备的能力、经营权限等内容做出明确规定，通过组织划分分离出若干个经营体。

（7）在释放企业经营活力之后，企业可能会面临标准化缺失风险。通过明确核心业务开展流程，可以有效规避这些风险。

（8）对内部市场机制进行明确，例如分利机制、对外合作机制、内部交易机制等。

（9）创建知识管理体系及人才晋升管理体系，实现知识沉淀，刺激员工释放自己的潜力，催生更多人才。

（10）针对平台化经营创建内部控制机制，例如对法律风险、运营风险、人事风险等的应对策略等。

（11）利用IT化方式创建内部信息交流平台，让平台活力得以切实提升。

（12）引入、复制核心人才，主要是合伙人。

企业平台战略的实施策略

一、平台化转型的战略规划

在规划平台化转型战略时，企业可以结合以下三种思路，如图 15-5 所示。

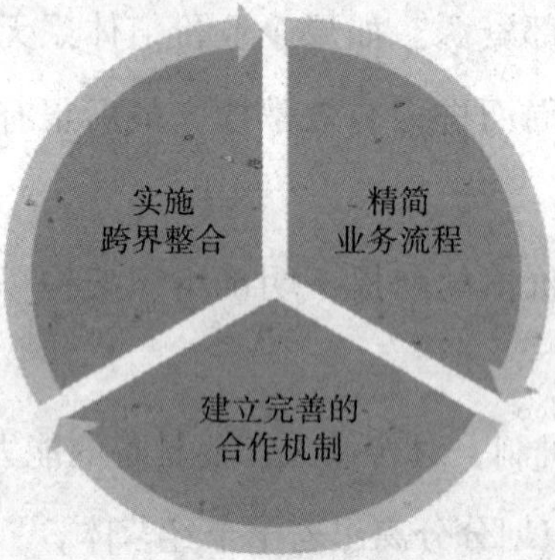

图 15-5　企业平台化转型的三种思路

（1）基于移动互联网所带来的去中介化、泛中心化等思维精简业务流程，实现供需双方的无缝对接，减少信息及价值在流通中的损耗。

（2）建立完善的合作机制，充分激发各参与主体的积极性，摒弃传统的大规模批量化生产模式，用充满个性化、体验感的优质商品与服务，让消费需求得到充分满足。

（3）实施跨界整合，坚持共创、共建、共享、共赢理念，加强和上下游产业链合作伙伴乃至竞争对手之间的交流合作，共同做大市场，为用户创造更多价值。

企业可以对产业价值链的价值创造及分配环节实施优化升级，通过引入新的资源方等方式充分发挥各参与主体的协同联动作用，实现对产业价值链的重构。具体而言，产业价值链的重构路径包括以下三种，如图15–6所示。

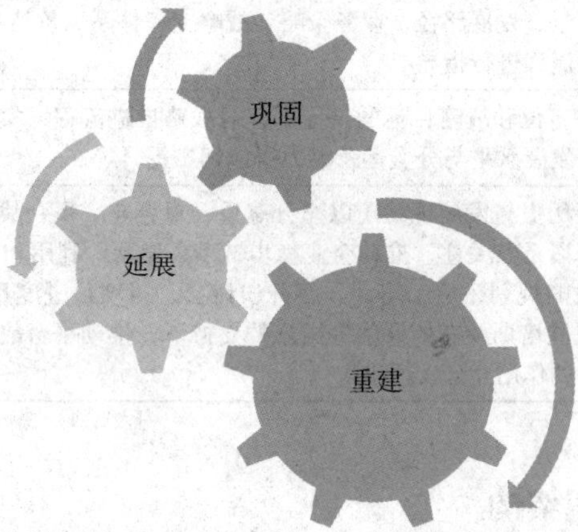

图15–6　产业价值链重构的三大路径

- 巩固。对主营业务进行持续优化，提高价值创造能力，控制成本，缩短流通环节，使企业的市场领先优势得到巩固。
- 延展。在企业现有业务的基础上，通过开发关联业务或提供新的解决方案，满足客户潜在需求，为企业创造新的利润增长点。
- 重建。打破传统产业价值链，在平台思维的指引下，整合内部及外部的优质资源，重构业务流程，从而建立全新的价值体系。

二、平台化转型的实施策略

企业要以遵循历史发展规律为前提，根据“流程规划、分步实施、注重实效”原则设计平台化转型方案，让方案发挥出高端引领作用，得以有效实施，如表15–1所示。

表 15-1　企业平台化转型方案设计原则

设计原则	具体内容
流程规划	立足于企业平台化转型战略，系统规划企业在“十三五”期间的发展使命、发展目标、发展愿景、发展路径、业务策略、战略支撑体系、价值观等内容，对各项工作的具体开展流程进行指导
分步实施	在平台战略定位和战略目标的指导下，对战略推进流程、实施步骤进行有序规划，使企业业务发展水平与分类运营能力得以切实提升
注重实效	对企业发展历史与发展现状予以充分尊重，对企业“平台战略规划”的可实施性、可操作性予以重点关注，推动企业稳步转型、发展。利用PDCA循环提升工具，在宣传平台战略规划、员工培训、召开研讨会、对项目进度目标与计划进行有效管理、开展技能培训及考核评估等措施的支持下，推动平台战略规划体系有序落地，将平台战略的作用充分发挥出来

三、调整组织架构

实施平台化转型时，企业必须基于转型战略规划及实施方案对组织架构进行有效调整，充分满足企业的生存和发展需要，保证平台化转型的成功。很多企业在转型过程中，虽然革新了商业模式，但没有对组织结构进行优化调整。在实践过程中，资源整合阻力大、成本高，企业难以实现内部高效协同，更无法和产业链上下游合作伙伴进行无缝对接，虽然投入了大量成本，但平台化转型根本无法取得预期效果。

从企业视角来看，无论选择巩固产业价值链，还是延展重构价值链，都需要转变思维模式与经营理念，从传统的企业本位思维转变为用户本位思维，以为用户创造价值为导向组织开展各项经营工作。为此，企业必须对组织架构做出有效调整。

企业可以通过调整组织架构，使岗位职责得到进一步明确，例如：转型工作由谁负责，是自建平台，还是和第三方合作，如何挖掘用户价值，和哪些合伙伙伴合作打造生态系统，等等。平台型企业的高效稳定运营必须要有高度协同、能够充分激发员工活力与创造力的组织架构提供有力支持。

从整体来看，企业的平台化转型价值极高，已经成为企业发展的主流趋势，但平台化转型并非易事，需要企业长期投入海量资源，不能急功近利，否则不但无法达成预期效果，还会加剧企业的生存危机。

为了有效控制风险，企业在实施平台化转型的过程中可以采用迭代发展思路，在保持原有价值体系的基础上实施平台化转型，确保企业有源源不断的现金流，通过不断更新迭代将产品、组织架构、商业模式、业务流程等方面的转型成果整合到平台中，在推动自身发展壮大的同时，最终完成平台化转型与升级。

第16章
生态共生：构建全新的商业生态圈

跨界融合：生态战略的特征

在日益复杂的商业环境中，怎样在市场上站稳脚跟并从容应对可能到来的竞争，怎样才能在保持专业化的同时紧跟消费需求的变化等，是企业在走向生态型企业的过程中需要考虑并解决的问题。

生态型企业作为一种新兴的商业势力，已经成为商业领域热议的话题。那么作为一个生态型企业应该具有哪些特征呢？具体如图16–1所示。

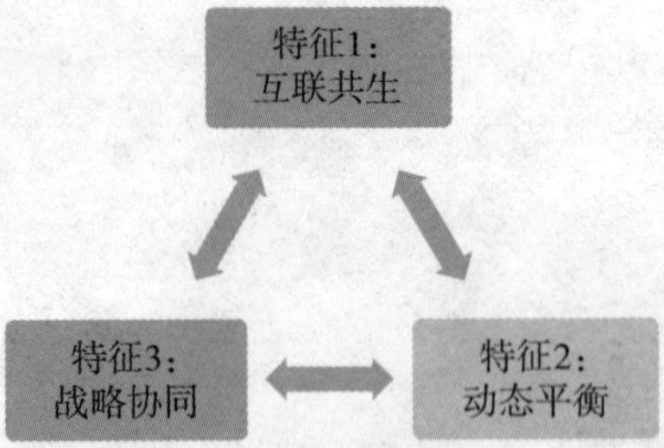

图16–1　生态型企业的三大特征

一、互联共生

生态企业各子业务之间不存在竞争关系，每个业务都能为其他业务赋能，通过业务之间的融合协作创造出新的产品价值，带给用户更优质的体验。生态型企业能够把握好产业价值链的各个环节，将价值链的起点和终点连接起来，实现整条产业价值链的互联互通，推动价值链各环节之间实现协调，注重各个环节产生的聚合效应。

二、动态平衡

生态型企业具有自我进化与成长能力。生态型企业拥有强大的动态平衡能力，可以进行自我调整和修复，能快速适应环境变化，应对外来挑战。所谓的动态平衡能力具有以下几大特征。

- 企业是一个健康以及可以实现自我循环的生态系统。
- 生态系统的各个部分既相互独立，又相互支撑、彼此依赖，每一个部分都可以成为一个利益体，同时也可以通过相互的协调达到更好的效果。
- 系统中的各个部分可以实现持续成长，落后的部分将被淘汰，各个部分的综合成长构成了生态系统整体的成长。
- 在保持快速成长的同时，解决在成长过程中出现的各种矛盾和冲突。
- 可以与用户开展深入互动，紧抓用户需求，提升对市场的敏锐度和反应能力，同时可以利用系统减少信息在传播过程中的损耗，避免不必要的失衡。
- 生态系统可以随时开放。

以苹果为例，苹果的一系列产品都是在自然状态下衍生出来的，从iMac到iPhone再到iPad。随着时代发展，生态型企业会与时俱进，不断产生新业务、淘汰老业务，持续不断地进化、创新。

但是如果生态型企业不能把握好动态平衡，也有可能会陷入系统性崩溃的境地。从生态型企业的发展实践来看，每一个企业都曾经出现过局部不平衡现象，动态平衡的关键在于可以及时发现并解决局部不平衡问题，使生态系统整体达到平衡。

当然不是所有企业都有这种动态平衡能力，也有生态系统出现崩溃的情况。随着互联网发展带来的速度的提升，加快了企业的发展速度以及更新换代速度，企业的动态平衡能力将在企业未来发展中产生决定性作用。

三、战略协同

生态型企业各业务的发展战略、产品理念相一致。苹果的iPod、iPhone、iPad、iMac采用的战略模式与产品理念是一致的。而联想电脑、手机，海尔冰箱、洗衣机、空调、电视等业务的战略模式与产品理念完全独立。联想的电脑业务非常强悍，手机业务却很弱；海尔的冰箱、洗衣机业务发展势头非常好，电视业务却很差。在多元化战略下，企业各项业务之间的逻辑关系不明显，关联性不强；在生态战略下，企业各项业务相互融合，战略模式与产品理念一致，各类产品在各个时期都具有相同的生命力与竞争力。

在数字化时代，生态战略的应用空间非常广阔。在互联网技术、物联网技术的支持下，企业各项业务可以实现有机结合，创造出全新的产品价值与用户体验。上述生态产品的出现都离不开互联网的支持。

传统行业也可以应用生态战略创造出优质的生态型产品，例如万达广场、迪士尼乐园等。万达广场对商业、住宅、酒店、电影、百货等要素做了整合，创造了一种全新的地产形态，带给用户全新的体验。迪士尼对娱乐内容与儿童乐园做了整合，创造了一种全新的儿童乐园形态，带给用户全新的体验。

由此可见，生态战略不只适用于互联网行业，还可以在传统行业使用。

很多企业经营者没有对生态战略的本质进行深入了解，走入生态型企业建设误区。生态型企业的构建必须立足于产品价值与用户体验，对新业务的选择要谨慎，选择之后要分步骤展开。行业选择标准是这些行业与原有业务组合能否创造出生态产品，创造出新的产品价值与体验。

生态战略落地问题非常复杂，离不开生态型组织与人才、生态文化、生态管理与激励的支持。其中，企业的核心业务价值链需要进行生态改造，该价值链包含的内容非常丰富，涵盖了研发、供应、品牌、营销、销售、服务、财务管理、投融资等多个环节。需要注意的是，对于生态战略来说，生态型产品至关重要，企业能否创造出生态型产品是验证其生态战略是否有效的重要标准。

打破边界：产业价值链整合与延伸

“竞争战略之父”迈克尔·波特（Michael E. Porter）认为，企业的竞争优势主要来源于产业价值链的各个环节，对各个环节的整合可以提升企业的竞争优势，为企业在行业内立足增加更多砝码。根据迈克尔·波特的这一理论，企业应该具有产业链整合以及延伸的能力。

国内著名的男装品牌雅戈尔的产业链已经伸向了上游的棉花种植，而服装网络直销公司PPG也同样加强了对上游资源的控制。现阶段，对上游资源的控制似乎已经成为众多企业的共识，也被视为一大竞争焦点。

诺基亚在新一轮的战略布局中，开始将公司定位为生产手机的互联网公司，为用户提供终端产品、为企业提供解决方案、面向消费者开展互联网业务、不断提升专业服务，逐渐增强网络业务的规模优势。

电信运营商开始将战略重点转向产业链控制和延伸方面。在3G时代，产业价值链的竞争逐渐成为运营商竞争的焦点，谁能抓住产业价值链并不断延伸，谁就能构筑差异化的产业价值链，赢得更多竞争优势。

企业在产业价值链方面的执着追求，使得企业开始扩大范围，控制产业价值链的每一个环节。企业不仅开始直接接触消费者，而且开始对产业链的上游进行直接控制，缩短产业链的运作时间和流程，减少信息在传递过程中的损耗，在不断适应环境变化以及消费需求的同时提高系统的反应能力。

未来，随着各个企业对产业价值链的重视程度越来越高，链条之争将成为竞争的焦点。生态型企业已经构建起圆形的生态圈，竞争的焦点会转移到生态系统上。随着生态圈逐渐形成，企业的链条优势将无法与生态优势对抗。企业的链条应该不断拓展，形成以用户为核心的“生态圈”，同时积极寻求合作伙伴，充分利用合作伙伴的优势资源增强自身实力。

对于生态型企业而言，互联网的存在可以发挥两个方面的作用：

- 从宏观上来说，互联网的发展为生态型企业创造了良好的技术条件和生存环境。
- 从微观上来讲，互联网的使用使得生态型企业得到了迅速成长，同时也为其高速运转、平衡发展提供了强有力的支撑。

在电话和传真时代，企业关注的是多元化或相关多元化。享有“全球第一CEO”美誉的杰克·韦尔奇（Jack Welch）提出了“数一数二”战略，要求企业在所在领域成为“领头羊”，如果做不到，就要撤出这一领域。杰克·韦尔奇认为，在电器领域成为数一数二的公司，与做一个数一数二的核反应堆是相同的，同样需要有巨大的商业前景和实现能力。

在实现了数据连接的商业社会，企业旗下的各个子公司成为“数一数二”的公司，并不代表企业的整体实力也可以达到这个等级。在信息高速传递时代，企业更加重视各个部门的协调和共享，在保持整体灵活性的同时，提高整体竞争实力，而信息技术的不断提升，可以让企业的局部迅速感应到变化，从而上升到整体的反应。企业整体拥有的能力往往要超越企业局部。

互联网的发展为信息传播以及获取提供了一种更迅速、更自由的方式，为人们随时随地地沟通和互动提供了极大的方便。企业可以利用“比特速度”更方便、快捷地获取用户信息，推动组织架构重建，形成更有利于企业发展的组织结构。同时借助互联网，企业可以对产业价值链进行调动，对用户需求变化进行快速反应。例如在ZARA，一个完整的信息系统贯穿产业链始终。

产业链的不断延伸和发展推动了生态型企业的形成。互联网时代的到来使得企业的生存环境随时都处在变化之中，为了在瞬息万变的商业环境中立足，更准确地抓住消费者的消费需求，对整个产业链条形成良好掌控，企业需要增强延伸力量，实现产业价值链起点以及终点的连接，构建一个可以掌控所有环节的生态型企业。

虽然生态型企业是一个生态圈，但这并不意味着封闭，相反，在构建生态型企业的同时还应该学会积极主动地开放，吸引更多外部能量，进一步增强生态圈的实力。产业链延伸并不是推动生态型企业形成的唯一因素，以顾客为中心不断提升服务水平，创新产品以及服务模式，满足顾客日益个性化的消费需求，也有利于生态型企业的构建。

未来，会有越来越多的企业拥抱生态，加入生态之争中来。由此可见，互联网的发展促进了生态型企业的诞生，对互联网的利用推动了企业与用户之间的互动，企业可以通过这种互动获得巨大的收益。

价值创新：精准洞察用户需求

随着企业逐渐走向生态化，市场边界以及组织边界不再是它们关心的问题。因为市场边界和组织边界会随着时代的发展以及需求的变化而变化，因此对于生态型企业而言，以用户为核心，不断进行价值创新才是需要重点考虑并解决的问题。

很多人会将价值创造和价值创新混为一谈，事实上这两个概念有明显区分。所谓的价值创造是在现有的产品或服务的基础上进行改善，这是在明确顾客需求之后做出的一种被动反应；价值创新则是根据顾客需求提出一系列解决方案所进行的前瞻性思考，通常情况下是在用户还没有意识到自己有这种需求之前，企业就已经给出了解决方案。

现阶段，生态型企业之所以能在商业领域立于不败之地，主要原因在于其始终遵循“用户至上”的理念，不断进行价值创新，为市场发展提供了强有力的驱动力。生态型企业需要解决的根本问题是：生态圈中的“生物群”是谁？怎样围绕这些“生物群”开展价值创新？

从总体来看，企业之所以能够成功实现生态化，关键在于企业积极开展价值创新，即企业提前发掘用户的潜在需求，并提出一系列解决方案。

【案例1】阿里巴巴："六位一体"的生态圈

阿里巴巴构建了一个买卖平台，可以让买卖双方在平台上进行交易，同时还有效解决了交易过程中可能潜在的支付以及诚信风险，为交易行为提供了更多安全保障。早在2007年，阿里集团就形成了阿里巴巴公司、淘宝网、支付宝、阿里软件、中国雅虎、阿里妈妈六个业务模块齐头并进、相互扶持的发展局面，并初步打造了一个开放、协同、共荣的阿里生态圈：雅虎搜索、支付宝、阿里旺旺等是这个生态圈的重要支柱，不仅可以为生态圈的各个角落输送能源，同时还可以将各个群落连接在一起。阿里生态圈有中小企业、个人创业者以及消费者三个重要的群体，其目标就是以这三个群体为中心，实现共同繁荣。

【案例2】分众传媒：构建基于广告受众的生活圈媒体

江南春创办的分众传媒也走过了一段构建"生活圈"的历程，从最开始开创的楼宇视频广告的新商业模式，到后来不断跑马圈地扩大用户覆盖面积，再到后来逐渐增强受众数据分析能力、受众与用户的对接能力。分众传媒为广告用户提供了一系列广告投放方案，包括手机广告、户外广告以及互联网广告等，同时还充分结合精准的数据分析，更准确地把握用户需求，树立起行业优势。因此，生态型企业并没有明确的市场边界，而是在实践过程中根据用户需求的变化不断变化。

随着用户的作用不断增强，用户逐渐成为企业的运营核心，而企业的组织边界也将逐渐模糊化、灵活化，以更好地适应瞬息万变的生存环境。以用户为中心可以进一步开拓创新思路，围绕用户需求，为用户提供令其满意的服务，驱动企业更快地成长。

如果企业过分地关注竞争，就会做出一些被动的反应，同时还会分散注意力，无法更好地满足用户需求，从而降低用户体验。所以，对于生态型企业来说，以用户为核心，挖掘他们的潜在需求应该是关注的重点，而不是将精力放在竞争上。如果企业将所有的资源、精力放在核心竞争力提升方面，很难迅速成长为优秀的企业，而以用户为中心，以满足用户需求为出发点的企业，可以获得更丰富的创新源泉，开辟更多蓝海领域，为企业创造更多商业价值。

揭秘小米的品牌生态模式

品牌型生态企业的典型代表是小米，它利用电商和众多基础设施，通过品牌共享打造了一家推动中国整个制造行业转型升级的技术企业。从这个角度看，小米的用户思维对标的就是中国制造。众所周知，中国制造涵盖的范围非常广，但小米的商业模式在其中占据着一席之地。并且在小米的单点生态中，小米电商在国内电商行业排名前列。从这方面看，未来，小米很有可能成为阿里巴巴的竞争对手。目前，小米是一个封闭的系统，但它已经形成品牌生态。

品牌共享、平台共享是小米战略的核心，未来，这一战略或将发展为数据智能共享。随着不同设备将用户数据传送至小米的数据中心，小米就可以对这一用户进行深度识别。通过品牌共享、平台共享，小米构建了自己的生态圈，包括手机、手环、路由器、电视、空气净化器、智能洗衣机、智能摄像机、智能电饭煲、汽车等，如图16–2所示。

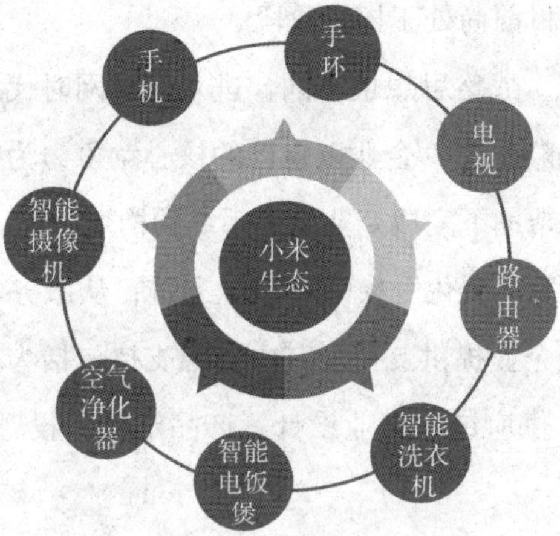

图 16–2　小米生态圈

其中，小米产业主要从硬件、电商平台、软件三个层面对服务进行整合，让顺为资本从中获取运营经验。顺为资本根据小米的发展战略选择合适的投资领域，为小米产业的发展提供有效支持，最终形成一个产融结合的生态圈。

具体来看，首先，小米从其核心产品（手机、电视、路由器）切入，对粉丝及内容进行运营，形成品牌认可度。其次，小米在此基础上对更多硬件公司进行投资，引导其加入自己的电商平台，利用自己的引流能力及营销能力不断降低宣传成本，利用低毛利、高销量的模式发展成为生态型企业。

小米手机在海外市场表现相当抢眼。现阶段，国内智能手机市场竞争日趋白热化，小米面临着魅族、华为、vivo 等国产手机品牌的强烈冲击。同时，小米发力高端智能手机市场始终未能取得预期效果，难以撼动苹果和三星在高端手机市场的领先优势。但小米将小米模式成功复制到乌克兰、印度尼西亚、缅甸及以色列等新兴市场，极大地缓解了国内手机市场增长乏力的不利局面。此外，小米还投资了教育、本地化生活、企业服务等诸多领域，不过目前尚处于探索阶段。

商业环境不同，战略思想也不同。进入互联网时代之后，生态战略逐渐成为最主流的战略思想，企业以自己的核心竞争力为中心构建生态，在生态圈合作企业的帮助下完成企业生态系统的构建。

小米选用“投资+孵化”模式布局生态链，从服务与资源两方面为初进入市场的生态链企业提供支持。其中资源支持包括为初进入市场的企业提供品牌、渠道、供应链、工业设计、产品定义、投融资等方面的支持，如图16–3所示。

图16–3　小米为生态链企业提供支持的七个层面

（1）品牌支持：对于达到自身品牌要求的供应链企业，如果是智能家居、消费类硬件等产品，小米会向其开放米家品牌；如果是科技类、极客类产品，小米会向其开放小米品牌。获得小米品牌支持的产品更容易构建自己的信任度，迅速获取市场、用户等资源。

（2）供应链支持：小米手机几经更迭，已经在供应链领域树立起诚信形象，具备较强的议价能力，打通了供应链。对于致力于产品研发，想要寻找稳定的供应链，获取合理价格的供应链企业，小米凭借自己在供应链领域的信誉及较强的产业整合能力可以为其提供供应链支持。

（3）渠道支持：小米为使用米家与小米品牌的生态链企业提供渠道支持，向其开放了四大渠道，一是PC端的小米网，二是手机App小米商城，三是米家商城，四是线下的小米之家。目前，在电商领域，小米商城排在前十位，通过简单的SKU和规模较大的成交额，平台在售产品实现了高用户导流量。小米之家则为生态链产品提供了一个线下展示平台，让产品可以和消费者通过各种方式实现有效交互。

（4）投融资支持：小米对生态链企业的领投让生态链企业获得了资本的高度关注。根据所处的发展阶段，小米将生态链企业划分为不同的批次进行路演，邀请投资机构与投资人参与观看，提供投融资支持。借助全方位平台的支持，小米以"工程师更懂工程师"为准则构建工程师投资团队，一边布局生态链，一边向其传输方法论、产品标准、价值观。

（5）工业设计：在小米生态链企业发展初期，小米生态链ID部门的主要功能是设计产品外观。虽然每家生态链企业都有自己的ID部门，但小米生态链ID部门可以一票否决某个创意，保证生态链中的产品风格统一。

（6）产品定义：在产品定义方面，小米与生态链企业达成了深度合作，生态链公司的产品想要进入小米平台，就要召集生态链团队一同开会，集体决策。

（7）品质要求：生态链企业的产品想要进驻小米平台，必须通过小米严格的内测。之所以用"严格"二字形容小米的内测过程，主要是因为，对于进驻小米平台的产品，小米会从各个角度，以挑剔的态度进行审核。如果产品未通过内测，决不被允许以小米或米家的品牌进入市场。

第17章

数字化政府：推进国家治理现代化

数字化政府落地的七大思维

数字中国建设是我国未来发展的主要方向，其中一项重要内容是数字政府建设。数字政府建设是电子政务进入新发展阶段的主要任务。加快推进数字政府建设具有多重好处：首先，能够帮助各级政府部门大幅提高履职能力，使其更加适应数字社会的发展趋势；其次，能够优化经商环境，激发市场活力；最后，能够贯彻以人民为中心的发展思想，提高政府为民服务的水平。数字政府建设需要遵循以下七种思维，如图17–1所示。

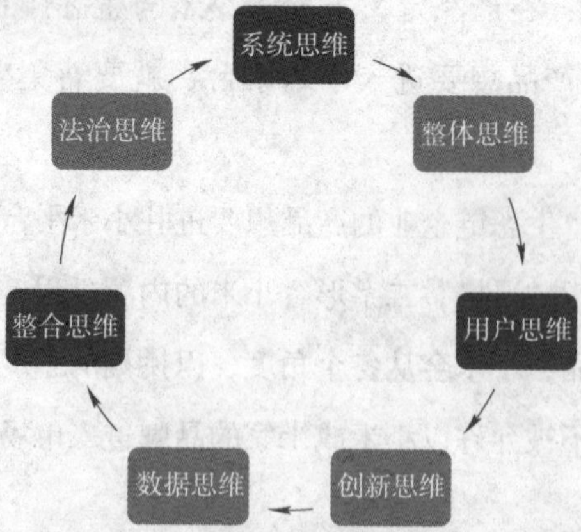

图17–1　数字政府建设需要遵循的七大思维

一、系统思维

作为一种系统性工程，数字政府建设要遵循系统性原则，一方面要系统地推进政府体制、机制的数字化改革，另一方面要系统地进行数字政府建设，同时还要完善数字政府建设的保障措施。数字政府建设需要有力的组织推进、统筹性的规划布局和完善的保障措施，具体来说就是要做好以下三项工作：一是系统地推进数字政府的全方位改革，包括工程规划、投资、建设、运营、运维等领域的改革。在这个过程中，管理规划者需要明确推进机制，使各方形成合力，共同推进数字政府建设，实现数字政府的可持续发展。二是系统地做好数字政府的顶层设计和统筹规划，包括网络、系统、平台、数据、业务等的规划和设计，实现网络一体化运行。三是系统地做好数字政府的各项配套措施，包括标准规范、管理制度、法律法规等，实现数字政府的标准化、制度化和法治化建设和运行。

二、整体思维

在建设数字政府的过程中，政府各部门需要提升两种能力：一是提升各部门协同联动治理能力；二是提升各部门“一站式”服务能力。提高协同联动治理的能力，政府各部门需要做好以下工作：第一，推进一体化政府监管治理，既要满足整体政府的要求，又要满足智能分工和协同监管的要求；第二，优化跨部门业务流程，加快流程前后的对接，使政务资源实现无缝流动、即时流动；第三，杜绝业务不衔接现象，防止出现监管漏洞。想要提高一站式服务能力，政府各部门必须推进“一站式”政务办事服务，使政务服务实现“一网通办”，确保企业和群众办事“只需进一扇门”。

三、用户思维

无论数字政府建设处在哪个阶段，都要坚持以人民为中心的发展理念。政府要将提供令用户满意的公共服务作为奋斗目标，不断提高用户体验，不断优化政务服务流程、模式、渠道和内容，不断满足人民的新需求、新期待。“互联网+政务服务”具有新特点，政府各部门要不断适应这些新的发展趋势，持续优化和改造政务服务流程，提高政府部门的“一站式”服务能力，满足人民对政务服务变革的新需求。政府各部门要以用户体验为导向，加快建设全国一体化的在线政务服务平台，使政务服务更加优质、高效、方便，切实提高人们的体验感和获得感。

四、创新思维

数字政府的核心要义在于创新。具体来说，就是要在数字政府建设过程中，坚持理念、建设、服务、应用和运营的创新，通过持续创新解决传统政府信息化建设的难点和痛点。首先，数字政府发展理念的创新，这就需要在数字政府建设过程中始终坚持开放、共享的发展理念，使数字政府建设理念引领全局。其次，数字政府投资、运营、政务服务等方面的制度创新，需要统筹规划全局，合理整合与分配资源，促进业务协同，吸引各方参与，实现可持续发展。再次，政府运转模式的创新，需要借助政府和企业的网络平台，优化升级政府传统的运作模式，融入远程监管、在线服务等方式，实现各方的协同监管和治理，不断提升政府的社会治理能力和效率。最后，技术应用的创新，需要推动政府业务与互联网、大数据、人工智能等新兴技术进行深度融合，使社会管理服务平台更加网络化、数字化和智能化，充分满足网络化运行、海量化参与、社会化协同的需要，为数字经济社会的构建提供强有力的支撑。

五、数据思维

随着信息化不断发展，人们已经步入大数据时代。大数据时代为政府的精准化管理和服务提供了重要的历史机遇，政府要紧抓机遇，充分利用大数据资源转变运作模式，做到“心中有数”和“用数据说话”，打造大数据时代的新型政府。具体来讲，政府需要做好以下三件事：一是要实现数据资源的交流和共享（如政务数据资源跨地区、跨层级、跨部门的交流和共享等），同时，既要提升政府部门协同联动的社会治理能力，又要提升政府部门民生“一站式”服务能力。二是要利用外部数据资源为政府决策提供强有力的支撑，促进多方参与和政企合作，推进政府监管决策平台与企业数据平台对接，整合互联网、金融、电信、银行、能源、医疗、教育等多领域的数据资源，打造政府决策数据支撑体系，使用于指导政府决策的数据来源更广，对比性和时效性更强。三是要提升数据的交叉对比、关联挖掘和趋势研判的力度，使政务、行业、社会等多方面的数据都能发挥自身的价值，同时也要深度分析和预测经济运行、社会发展、民生服务、社会管理等领域的未来趋势，不断提高相应的分析和预测能力。

六、整合思维

传统电子政务建设往往过于分散，数字政府建设要改变这一情况，要提高政府的集约建设能力，大力整合基础性资源和设施，做到统建共享和共建共用。首先，各级政府部门要推进基础设施整合，利用统一的云服务支撑数字政府建设，杜绝政务基础设施建设方面投资浪费、重复建设等情况发生，不断提高基础设施的弹性扩展能力。其次，各级政府部门要推进系统平台整合，以业务主题为抓手，积极建立跨部门、跨层级、跨区域的系统平台，推动集约建设，促进信息数据的交流和共享，实现不同业务的协同，提升各部门在各领域的协同治理和服务能力。最后，各级政府部门也要推进数据资源整合，将政务数据资源与社会数据资源深度融合，为政府决策提供数据支撑。

七、法治思维

无论何种建设都要遵从依法治国的理念，数字政府建设也是如此。各政府部门要坚持依法行政，建设透明化、法治化的数字政府。为贯彻法制思维，各政府部门要依据法律梳理各行政审批事项，不断优化网络审批服务流程，对于无法律授权的事项不予审批，对于法定职责范围内的事项坚决执行。各政府部门要加速推进电子监察，做到全程留痕和有据可依，要对权力运行进行规范和约束，加强执法与问责力度。在数字政府运行过程中，各政府部门还要加强执法监督，既要形成合法的政府建设机制，又要形成有效的市场参与机制。

将数字政府建设看作政府信息化工程非常片面。实际上，数字政府是一项全方位、系统性的政府改革工程，需要将政府运行和信息化进行深度融合，为数字时代的人们提供高效、高质、便捷的服务。面对党和国家机构改革，各级政府要紧抓时代机遇，理顺数字政府建设所需要的体制、机制，用创新思维统筹规划数字政府建设路线，集中力量推进数字政府建设，打造集法治、创新、廉洁、服务于一体的新型数字化政府。

全球政府数字化转型的启示

纵观全球数字政府发展历史可以发现，美国、英国、澳大利亚等西方国家在很早之前就已经开始建设数字政府。这些国家以先进的理念和科学的方法建设数字政府并取得了良好的成效，在政府数字化转型方面积累了丰富的经验，这些经验值得我们深入研究、借鉴学习。

一、美国政府数字化转型的启示

美国政府数字化转型的基础有两个：一是数字化的数据获取，二是数字化的信息共享。在这两大基础上，美国政府以公共服务为目标，从原来的管制型政府逐渐转变成为服务型政府。美国改变了传统的政府治理结构，抛弃了国家单独治理模式，形成了国家与社会共同治理的“小政府—大社会”模式。

美国政府在向数字化转型的过程中，始终遵循以下四个基本原则，如图17–2所示。

图 17–2 美国政府数字化转型遵循的四大基本原则

（1）以信息为中心原则：将传统管理文件形式转变为在线管理业务数据形式。

（2）共享平台原则：美国政府将不同部门的员工聚在一起，实现了跨部门办公，一方面可以节省政府运作成本，另一方面可以精简部门。而且，美国政府各部门在一起工作时，需要按照统一的标准创建和发布信息。

（3）以用户为中心原则：美国政府围绕客户需求创建和管理数据，同时允许客户随时随地以他们希望的方式进行信息构建、分享和消费。

（4）安全和隐私原则：美国政府注重保护用户信息和隐私，注重服务的安全分发和使用。

对以上四项原则进行分析可以发现，“以信息为中心”已经不能满足目前政府数字化转型要求，我们可以将其进一步修订为“以数据为中心”。除此之外，我们还可以从美国数字政府建设中获得以下五大启示：一是注重服务型政府建设，既要满足民众的公共需求，又要满足企业的公共需求；二是以评促建，提高数字政府质量，例如美国成立了“数字政府研究中心”专门用来提高数字政府质量；三是建立健全政府机构的法律法规，建立数字政府的相关标准，保障高效、标准化的数字政府运作；四是加强对政府人员的培训和宣传，提升他们的数字化素养；五是加强保护政府信息和隐私安全，提高移动互联网安全性。

二、英国政府数字化转型的启示

英国政府是全世界领先的数字政府，这主要得益于其面向政府数字化转型颁布的《政府数字化战略》、“数字政府即平台”等一系列战略计划。政府数字化转型是一项复杂、浩大的工程，不仅需要做大量工作，还需要花费较长的时间。在对数字化政府进行探索的过程中，英国政府遇到了诸多问题，因此，在2017年，其相关政府部门颁布了《政府转型战略（2017—2020）》，以加快推动政府数字化转型进程。

英国政府部门颁布的《政府转型战略（2017—2020）》中制定了五个主要目标：第一个目标是实现跨部门业务转型，政府部门要建立在线服务标准，包括技术实施规范和适用标准等；要不断改善用户体验，同时要制定跨部门合作机制。第二个目标是对政府人员进行培训，提升政府人员的文化素养和数字化技术。第三个目标是对业务工具、工作流程和管理模式进行整体优化和改进，解决政府部门之间存在的差异，例如技术差异、采购差异和工作计划管理方式差异等。第四个目标是充分利用数据，使政府公共数据透明化，对数据进行开放、共享，改进数据挖掘工具，任命首席数据官，建立数据安全体系等。第五个目标是创建共享平台和共享组件，打造可重复利用的共享业务功能。英国政府数字化转型战略具有如下特点，如图17–3所示。

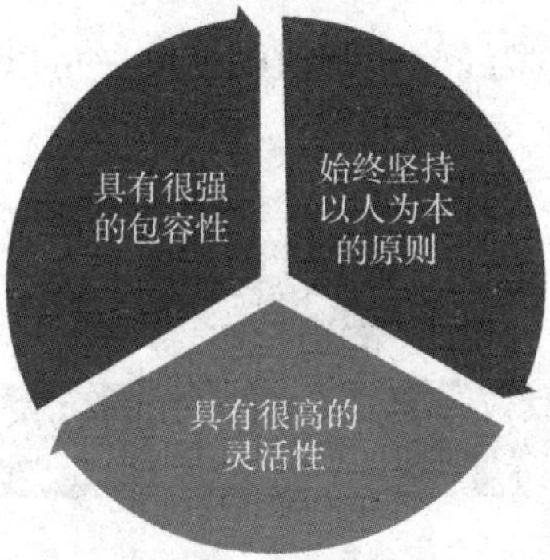

图 17–3　英国政府数字化转型战略的三大特点

（1）英国政府数字化转型战略始终坚持以人为本的原则。英国政府非常注重民众需求，始终从民众需求出发来提供服务，善于改善与民众的关系，愿意把更多的权利交给民众。

（2）英国政府数字化转型战略具有很高的灵活性。在数字经济时代，政府可以利用数字工具、数字技术和数字方法以低成本、高效率实现政府数字服务的优化组合。

（3）英国政府数字化转型战略具有很强的包容性。英国政府部门为了向民众提供更多的优质服务，致力于打造具备高可靠性、高安全性和高效能的在线服务网站。

通过英国政府数字化转型可以总结出以下四条经验：一是要建立强大的政府数字化转型推进机制；二是要提升政府部门主要工作人员的数字素养；三是要吸纳更多的社会力量参与到数字服务之中；四是要坚持“数字政府即平台”的发展理念，注重将理念转化为实践。

三、澳大利亚政府数字化转型的启示

澳大利亚政府具有较强的数字能力，能够快速应对数字环境变化，为民众提供优质的政府服务。澳大利亚政府利用强大的数字能力改变了政府服务方式，其数字化转型经验非常值得借鉴，可以总结为以下六点，如图17–4所示。

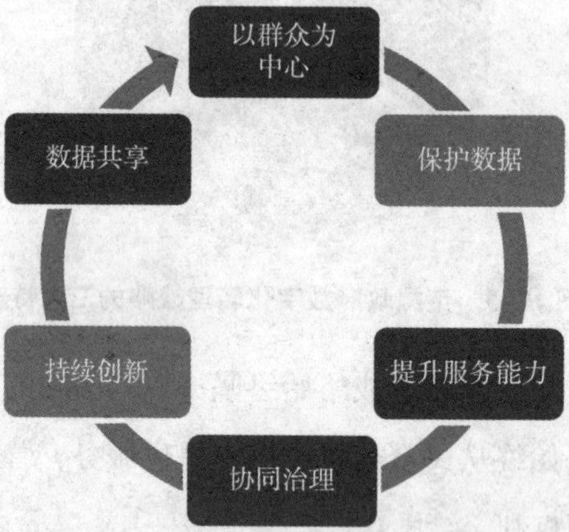

图 17–4　澳大利亚政府数字化转型的六大经验

（1）以群众为中心：澳大利亚政府可以向民众同时提供线上服务和线下服务，线上服务设计主要以用户需求为导向，服务质量较高，服务速度非常快。澳大利亚政府在发展线上服务的同时，也不忘继续为民众提供高质量的线下服务。

（2）保护数据：澳大利亚政府在保障数据和信息安全的同时努力挖掘数据的价值，让数据变得更有价值、更能获得充分的利用。

（3）提升服务能力：澳大利亚政府通过相关培训提升员工的数字化工作能力，还会针对数字化工具制定相关的政策和使用指南。

（4）协同治理：澳大利亚政府鼓励公立部门和私营部门进行深入合作。

（5）持续创新：澳大利亚政府持续改进服务模式。

（6）数据共享：澳大利亚政府各部门共享线上服务系统，分享线上服务设计方法和数据运用方法。

澳大利亚政府的数字化转型带来以下启示：首先，政府要通过相关培训成立专业的数字化小组；其次，政府各部门要以政策为导向，制定适合自身的数字化策略，开发兼容性数字工具，完善政府数字化服务标准；最后，组织工作人员开展数字技能学习，不断提升项目内涵，努力推行创新工程等。

我国政府的数字化转型路径

在数字政府建设方面，不同国家的策略各有优缺点。在制定数字化转型方案时，我国政府一方面要借鉴国外先进的理念和经验，另一方面要立足于本国国情。总体来说就是要善用新兴技术，做好顶层设计；建立数据信息平台，注重数据开放与共享；推行政府移动办事和线上办公，保障网络信息和隐私安全等，促进政府数字化转型健康、平稳、快速、安全发展。具体来看，我国政府数字化转型的技术路径如图17–5所示。

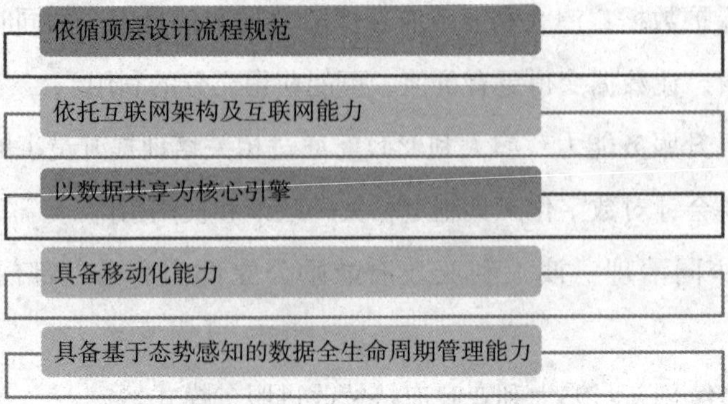

图 17-5　我国政府数字化转型的技术路径

一、依循顶层设计流程规范

政府在进行数字化转型时需要两大要素作支撑，一是顶层设计，二是顶层设计流程规范。由于政府数字化转型是一次全方位的系统改革，涉及各个领域的复杂因素，顶层设计及其流程规范必不可少。顶层设计及其流程规范可以保障政府数字化转型持续稳定推进，使整个变革过程有目标、有方向、有路径、有节奏。如果缺少顶层设计引导变革，政府数字化转型就会遭遇重重困难，例如陷入方向不明、路径不清、节奏紊乱、难以持续的尴尬境地。

顶层设计可以分为顶层设计咨询、总体方案设计、开发治理、交付验证和运维运营五个阶段，每个阶段都配有相应的使能技术工具。想要持续维持数字政府的正常运营，需要关注政府数字化转型的全生命周期，做好各阶段的管理工作，不断优化管理机制、扩容职能空间、迭代开发创新服务。

二、依托互联网架构及互联网能力

数字政府是一种高效的服务型政府，主要职能是为人民提供优质的服务，此外，它还具备数字化的特点，例如可以承载海量的政务数据、海量的政务业务系统、海量的政务服务需求等。政府数字化转型要依托成熟的互联网架构和互联网能力。所谓成熟的互联网架构和互联网能力，就是经过长期实践检验形成的一定规模和效应的互联网架构和互联网能力，包括实名认证、移动支付、信用积分、沟通协同等。政府数字化转型要不断创新政府的业务场景，以满足大量用户的需求，即使在高并发情况下，依然能为海量用户提供优质、快捷、方便、流畅的在线政务服务。

三、以数据共享为核心引擎

政府数字化转型要以数据为基础，实现数据共享，对政府业务进行数字化改造。政府数字化转型需要建立统一的政务服务数字平台，并在此平台通过数据共享交换技术规范和管理办法，消除信息孤岛，让数据流动起来，实现跨层级、跨区域、跨部门、跨系统、跨业务的数据共享，促使数据资产化、服务化、价值化，加速推进政府数字化转型。

四、具备移动化能力

数字政府要具有透明性与共享性，要让民众可以随时随地进行访问，要想群众之所想、急群众之所急、解群众之所困，为群众提供方便、快捷、高质量的服务。数字政府要平易近人，要懂得拉近与群众的距离。优秀的政府数字化转型方案一定是具有移动性的。数字政府需要具备两种“移动能力”：一是移动互联网架构能力，二是移动应用开发能力。也就是说，数字政府需要开发政务服务App及相关微应用，为群众提供移动办事的应用平台；同时还要提供移动政务协同办公系统，帮助公务员实现移动办公，帮助企事业单位工作人员实现移动沟通协同。

五、具备基于态势感知的数据全生命周期管理能力

数字政府必须以数据共享为基础，而数据共享必须以安全可控为前提。任何政府数字化转型都必须具备全域安全体系，这一安全系统可以通过大数据对当前态势进行感知，并能帮助数字政府实现全域实时洞察、全域联动防御以及大数据AI智能驱动等。同时，这一安全系统要能建立数据安全模型和方法论，具备敏感数据资产管理、数据风险审计等能力，不仅要保障数字政府在业务、数据、运营等方面的安全，还要保障整体网络空间的安全。

作为一项复杂、浩大的系统工程，政府数字化转型不是一蹴而就的事情。第一，要贯彻落实数字化转型的发展战略；第二，要探索创新数字化技术；第三，政府、企业以及每一位公民共同参与和努力；第四，各级政府应该根据国家的相关要求和人民的相应要求，充分借鉴外国政府数字化转型的成功经验，高质量地完成顶层设计，扎实做好政策制定工作，转变治理理念；第五，依照可靠的技术路径，分步实施转型任务，持续推进转型进程，不断提升政务服务水平，使整个政务服务流程变得更加便捷化、个性化、智慧化、安全化；第六，积极推动政府各领域的数字化转型，为网络强国建设、数字中国建设、智慧社会建设提供强有力的支持。

科技驱动的智慧政务新模式

在时代的号召下，政府的电子政务正在向智慧政务转型发展。作为电子政务发展的新阶段，智慧政务的“新”主要体现在以下几个方面：首先是政府的电子办公平台向智慧办公平台转变，其次是政府的决策向智慧决

策转变，最后是政府为公众提供的服务向智慧服务转变。要实现这些转变，必须依靠多种智能化、数字化技术，包括云计算、大数据、物联网、人工智能等。在这些高端技术的支撑下，政府可以通过监测、分析和智能响应对各职能部门的资源进行高度整合，全面提高政府的管理效率和业务办理效率。这些技术还能帮助政府加强职能监管，提高透明度，使政府变得更加廉洁、勤政和务实。因此，各级政府应该充分利用云计算、大数据、物联网、人工智能等智能化技术推进自身的数字化转型，最终形成一种由科技驱动的、具备智慧政务的新型政府。这一新型政府具有高效、敏捷、便民等特点，能够为企业和群众营造良好的城市生产和生活环境，保障城市的可持续发展。

一、资源的优化配置

物联网主要分为三大组成部分，分别是感知层、网络层和应用层。其中，感知层主要负责信息的采集，包括智能卡、RFID电子标签、识别码、传感器等；网络层负责信息的传输，包括无线网、移动网、固网、互联网、广电网等；应用层负责信息数据的分析和处理，承担控制与决策，能够通过智能化应用完成特定的服务任务，提供物与物、人与物之间的识别与感知，发挥传统应用无法发挥的智能作用，如图17-6所示。电子政务传统的办公方式是PC端办公，随着新一代网络技术的发展和应用，电子政务办公已经向移动端转移，未来还会向物联网方式发展。

目前，市民乘坐公交车可以通过刷卡完成缴费操作。市民在刷卡后，信息采集系统会自动“读取”卡片信息，然后将卡片信息发送给计算机，计算机通过自主判断将“改写”程序自动反馈到乘车卡的电子芯片上，完成对卡上余额数据的改写，最终实现刷卡乘车的完整操作。

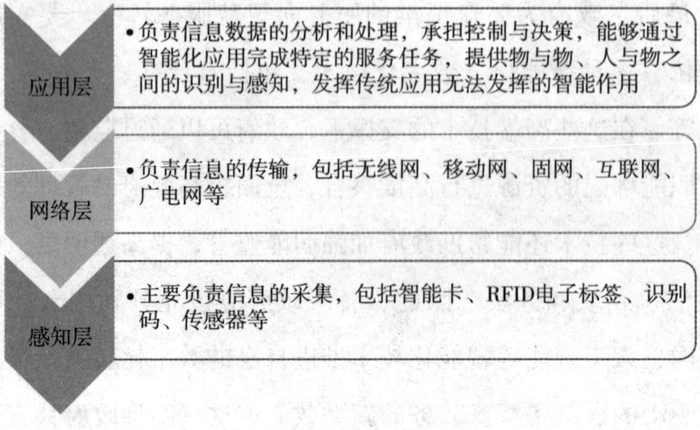

图 17–6　物联网的三大组成部分

随着技术进步，人们可能将医疗、公交、社保、缴费等功能融合于一张芯片卡，打造城市一卡通。城市一卡通不仅可以极大地方便市民生活，还能达到精简机构的目的。借助城市一卡通，政府可以将所有的政务信息联系在一起，一方面使政府部门之间实现信息共享和业务协同，另一方面优化资源配置、减少资源浪费。

二、政务应用效能的提升

民众前往政府部门办事，通常要携带各种证件和资料辗转于政府各个部门之间，办事效率非常低。举例来说，市民要办理药品经营许可证，不仅要去药监局、工商部门申请办理，还可能要去多个不同层级的单位办理相关手续，这样一来，办理一张药品经营许可证通常要花费一周甚至更久的时间。如果政府引进政务云，就能依托信息技术帮助市民实现“进一个门办多项事”。

在政务云平台，网上办证不再是幻想。不仅如此，群众和企业还能通过移动服务终端随时随地进行业务咨询、预约、投诉、自助式申报、进度查询、服务评价等一系列操作。政务云服务可以让“群众少跑腿，信息多跑路”，既能提升群众的办事体验，又能提高政府部门的办事效率，可谓两全其美。

借助智能办公系统，政府办公人员可以将不同的工作集中到办公门户中进行统一处理，例如文书打印、流程审批、消息管理、工作安排、工作委派等，从而极大地提高政府部门的办事效率，方便政府部门调用档案，做好备案。

智能办公系统不仅可以根据公务员的职责、偏好、使用频率等自动优化用户界面和系统功能，还可以自动发送消息提醒工作人员处理紧急事务。智能办公系统可以提供的提醒功能包括邮件提醒、代办件提醒、会议通知提醒等，让公务员不需要经过特意安排和查询就能根据轻重缓急处理相关事务。

另外，借助智能办公系统，政府部门还可以根据关键字和目标网站实时采集、抓取与政务相关的信息，搜集国内外主流媒体、社区、论坛网民的真实反馈，并通过对民意数据进行科学筛选、量化统计、分析研判制定科学的决策。

三、人脸识别发挥大功能

人们在生活中经常遇到需要出示和核查身份证件的场景，例如搭乘飞机、乘坐高铁、出入境通关、银行金融业务办理、工商税务社保办理等。在这些场景中，传统的做法是人们出示有效的身份证件，然后由检查人员通过眼睛核查，确保持证人与证件一致。这个过程相对烦琐，在一定程度上降低了“通关”效率。但是，随着人脸识别技术的发展和应用，证件核查只需几秒钟就能完成。

例如，人们在出入境通关时，只需将身份证对着人像采集器扫描一下即可。简单操作的背后却潜藏着不简单的技术。人脸识别系统可以借助人脸识别软件、高拍仪、二代身份证读卡器等的相互配合，实时采集人脸与身份证照片信息，并对采集到的人脸信息与身份证照片信息进行比对，一旦信息相互吻合，就能即刻过关。

过去，人们在行政服务中心办事都是由人工采集、识别和确认信息，由于办事人员较多，室内环境拥挤、吵闹，往往需要耗费大量时间。目前，许多行政服务中心已经实现了人脸识别排号，可以实时采集人脸信息与身份证照片信息进行比对。在服务厅办理税务时，人们可以借助排队机的人脸识别功能和二代身份证实现快速取号，避免人员拥挤，大幅提高了办事效率。未来，随着技术不断发展，政府部门之间可以实现信息共享和业务协同，人们只需要借助一个终端就能办理所有业务，不需要再亲自前往政府服务大厅排队办理。

References | 参考文献

[1] 柯榕. 乘势而上加快发展衢州数字经济[N]. 衢州日报，2020-06-20(003).

[2] 梁启东. 数字经济成为上半年拉动消费主动能[N]. 中国城市报，2020-08-03(014).

[3] 曲扎. 持续推动数字经济发展壮大[N]. 西藏日报(汉)，2020-08-10(005).

[4] 刘典. 中欧深化数字经济合作打造发展新引擎[N]. 解放军报，2020-08-29(004).

[5] 周武英. 全球数字经济发展仍大有可为[N]. 经济参考报，2020-09-07(003).

[6] 任豪. 数字经济的信用监管[N]. 中国市场监管报，2019-12-17(004).

[7] 刘刚. 要把发展数字经济作为城市的新使命[N]. 天津日报，2019-12-23(009).

[8] 莫开伟. 培育壮大数字经济促经济高质量发展[N]. 中国商报，2019-12-19(P01).

[9] 张晨. 数字经济拓展向南发展新空间[N]. 兵团日报(汉)，2019-12-17(005).

[10] 谢波峰，陈灏. 构建中国特色的数字经济税收框架[N]. 中国财经报，2019-11-19(006).

[11] 魏琪嘉. 数字经济赋能产业转型升级[J]. 大众投资指南，2020(13).

[12] 佚名.“数字经济助力广东产业转型升级”专家研讨会在广州举行[J].新经济，2019(12).
[13] 李永红,张淑雯.大数据驱动传统产业转型升级的路径——基于大数据价值链视角[J].科技管理研究，2019(07).
[14] 舒文琼.国富瑞张念录推动数据融合开放，助力产业转型升级[J].通信世界，2020(11)
[15] 章笑.互联网经济对我国产业转型升级的影响分析[J].时代金融，2019(35).
[16] 刘雅娟.数字贸易下的产业转型升级[J].广西质量监督导报，2020(01).
[17] 梁正.新一代信息技术助力复工复产，推动产业转型升级[J].互联网天地，2020(04).
[18] 刘萍萍.新基建背景下黑龙江省优势产业转型升级路径探究[J].现代审计与会计，2020(04).
[19] 吴剑辉,段瑞.数字技术对中国传统产业转型升级渗透效应研究[J].经济界，2020(04).
[20] 郭佳妮.互联网经济与我国产业转型升级[J].财经界(学术版)，2017(02).
[21] 佚名.建设数字政府以高效治理满足人民新期待[J].计算机与网络，2020(03).
[22] 黎军.以“数字政府”建设为抓手，推进政府治理现代化[J].团结，2020(01).
[23] 北京国际城市发展研究院首都科学决策研究会课题组.关于推进数字政府建设的11条政策建议[J].领导决策信息，2019(13).
[24] 石小兵,袁强.“数字政府”建设期盼政府采购制度改革[J].中国招标，

2019(47).

[25] 陈玲,段尧清,王冰清. 数字政府建设和政府开放数据的耦合协调性分析[J]. 情报科学，2020(01).

[26] 陈桂龙. 冯奎：以制度创新引领数字政府发展[J]. 中国建设信息化，2019(23).

[27] 佚名. 我国数字政府建设进入全面提升阶段[J]. 信息系统工程，2019(12).

[28] 吕惠. 深圳将推动数据立法[J]. 计算机与网络，2019(24).

[29] 杨蓉. 2019中国数字政府建设指数报告发布[J]. 计算机与网络，2019(24).

[30] 佚名. 吉林省加快推进数字政府建设持续优化营商环境[J]. 计算机与网络，2020(01).

[31] 何伟,张伟东,王超贤. 面向数字化转型的“互联网+”战略升级研究[J]. 中国工程科学，2020(04).

[32] 刘多. 推动5G与工业互联网融合发展[J]. 通信世界，2019(33).

[33] 徐晓兰. 5G已来工业互联网还有多远？[J]. 通信世界，2019(33).

[34] 刘多. 推动5G与工业互联网融合发展[J]. 中国电信业，2019(12).

[35] 刘多. 推动5G与工业互联网融合发展[J]. 互联网天地，2019(12).

[36] 吴江,赵国栋. 产业互联网与数字经济刍论[J]. 全国流通经济，2019(34).

[37] 刘蕊. 数字经济下的互联网新商机[J]. 科技视界，2020(03).

[38] 田溯宁. 数字化战“疫”之工业互联网核心技术显身手[J]. 智慧中国，2020(Z1).

[39] 马良. 推动国产操作系统创新发展亟需紧抓工业互联网发展机遇[J].

今日科苑，2020(02).
[40] 田杰棠,闫德利.新基建和产业互联网:疫情后数字经济加速的“路与车”[J].山东大学学报(哲学社会科学版)，2020(03).
[41] 任保平.数字经济引领高质量发展的逻辑、机制与路径[J].西安财经学院学报，2020(02).
[42] 李辉.数字经济推动企业向高质量发展的转型[J].西安财经学院学报，2020(02).
[43] 吴静,张凤,孙翊,等.抗疫情助推我国数字化转型：机遇与挑战[J].中国科学院院刊，2020(03).
[44] 张晶.数字经济时代保险行业发展的新理念探究——评《新保险时代:金融科技重新定义保险新未来》[J].财务与会计，2020(02).
[45] 丁志帆.数字经济驱动经济高质量发展的机制研究:一个理论分析框架[J].现代经济探讨，2020(01).
[46] 袁宏伟.数字经济与实体经济深度融合[J].企业管理，2020(01).
[47] 呼阳.数字经济背景下中小企业服务化转型发展探析[J].福建茶叶，2019(05).
[48] 王玲.试论移动通信技术发展、5G优缺点及应用[J].电子元器件与信息技术，2019(05).
[49] 吴强.5G通信技术对物联网产业链发展的推动作用[J].数字通信世界，2018(03).
[50] 鲁峰.5G通信技术发展视域下物联网产业链发展问题研究[J].中国战略新兴产业，2018(04).
[51] 罗银艳,铁福林.5G时代物联网技术在电力系统中的应用[J].中国新通信，2019(24).

[52] 柴干 . 5G时代背景下教师网络研修的创新探究[J]. 科技视界，2020(07).
[53] 杨建平 . 5G时代物联网技术在电力系统中的应用[J]. 数字通信世界，2020(03).
[54] 刘允杰 . 刍议5G时代出版业的发展趋势及思路[J]. 中国传媒科技，2019(07).
[55] 黄闰 . 5G时代下的电台发展探析[J]. 卫星电视与宽带多媒体，2019(07).
[56] 郭泽鸿 . 5G时代传输网络建设策略探讨[J]. 通讯世界，2017(11).
[57] 裴浩 . 5G时代即将来临开启物联网新世界应用[J]. 数字通信世界，2018(05).
[58] 宗燕红 . 5G时代传媒产业变局如何做好布局[J]. 数码世界，2020(01).
[59] 王海兵 . 5G时代传输网络承载策略分析[J]. 中国新通信，2018(16).
[60] 黄亚萍 . 5G时代会计行业将如何发展[J]. 全国流通经济，2019(36).
[61] 张红 . 利用物联网最大化企业生产力[J]. 上海质量，2019(12).
[62] 游洋 . 物联网技术在智能家居中的应用研究[J]. 科技风，2020(02).
[63] 刘晓辉 . 物联网技术在智能家居发展中的运用[J]. 电脑知识与技术，2019(35).
[64] 詹国锋 . 物联网技术用于智能家居中的应用和开发探讨[J]. 电子质量，2019(12).
[65] 潘智淳 . 物联网技术在智能建筑中的运用[J]. 通信电源技术，2020(03).
[66] 马骏 . 面向智能电网的物联网技术及其应用[J]. 数字通信世界，2020(02).
[67] 刘炎杨,李淼鑫,吴鸣炯 . 基于物联网技术家庭生活数据监控平台的研制[J]. 电子世界，2020(04).
[68] 杨荣康 . 物联网技术与人工智能的结合与应用探索[J]. 信息通信，

2020(01).
[69] 曾潇岳,冉莉莉,马启文. 基于物联网技术的防久坐检测装置设计[J]. 电子世界，2020(05).
[70] 阎永升,周少华,王雅琳,等. 电力营销侧泛在电力物联网建设实践[J]. 现代工业经济和信息化，2020(01).
[71] 冯俊国. 施工企业数字化转型发展思考[N]. 建筑时报，2019-12-26(003).
[72] 佚名. 成企业数字化转型为何失败？[N]. 中国企业报，2019-12-24(009).
[73] 赵亮. 工业互联网+软件助力中小微企业数字化转型[N]. 人民邮电，2019-12-20(005).
[74] 高歌. 建设共享服务聚焦企业数字化转型[N]. 中国会计报，2020-01-10(007).
[75] 盘和林. 疫情倒逼数字化转型[N]. 河南日报，2020-03-11(004).
[76] KhalidKark,Charles. 7个数字化转型误区[N]. 计算机世界，2020-03-09(004).
[77] 陆峰. 企业数字化转型的的八个关键点[N]. 学习时报，2020-04-03(003).
[78] 付高生. 对推进企业数字化转型的思考[N]. 中国航天报，2020-05-07(003).
[79] 何翠云. 降低中小企业数字化转型成本[N]. 中华工商时报，2020-05-15(003).
[80] 顾阳. 从广交会“上云”看企业数字化转型[N]. 中国产经新闻，2020-06-20(002).